KB174222

티벳요가 쿰니

몸과 마음을 치유하는

티벳요가 쿰니

타르탕 툴구 린포체 지음 | 박지명 옮김

하남출판사

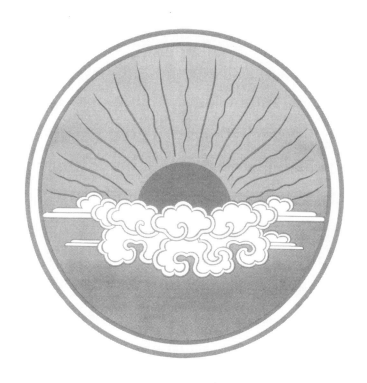

내면의 황금빛 에너지와 위대한 정신의 빛이
몸을 통해 아름답게 표출된다

 **역자 서문**

　티벳요가 쿰니(Kum Nye)는 티벳의 가장 크고 오래된 불교의 문파인 닝마(Nyingma)파가 몸과 마음을 발전시키는 비전의 방법을 린포체(Rinpoche), 즉 환생자인 타르탕 툴구(Tarthang Tulku)에 의해 세상에 공개된 것이다.

　티벳은 옛부터 비밀스럽고 신비로운 지역이라고 알려져 있다. 그 이유는 세계에서 가장 문화가 번창한 두 나라인 중국과 인도의 정신적 문화를 계승하였으며 또한 불교를 티벳만의 독특한 방식으로 하층에서부터 높은 수준까지 가장 아름답게 대중화시킨 나라이다.

　지금까지도 그 명맥은 세계적으로 전달되고 있으며 비록 현재는 중국에 예속되었지만 그들의 삶은 세계적인 시야로 뻗어나가기 시작하였다.

달라이라마를 위시하여 많은 고승 및 린포체들이 미국과 구미 선진국에서 활동하고 있지만 타르탕 툴구의 단순하고 깊이 있는 가르침의 전파는 훨씬 탁월하다.

그가 가르치려는 사상이나 철학 그리고 명상법은 종교나 종파 또는 어떠한 인종을 떠나 쉽고 단순하게 대중으로 접근하려는 것이 매력적이다. 어려운 삶의 철학을 그의 깊이 있는 가르침의 배경으로 단순하게 만드는 것이다.

쿰니는 마치 요가와 기공의 핵심을 표현한 독특한 이완법으로 볼 수 있는데 그것은 거대한 두 나라의 가르침을 가장 최대한으로 발전시킨 것과 같다. 그는 이 책에서 이완과 마사지, 그리고 닝마파에서 내려오는 여러 가지의 독특한 자세들을 현대화시켜 쉽게 가르치려고 하고 있다.

그의 단순하면서도 어렵지 않은 동작들을 책을 통해서 단계적으로 반복해서 따라나가다 보면 어느 순간에 자신의 몸과 마음이 단계적으로 발전되어감을 알게 될 것이다.

티벳요가 쿰니는 상, 하권으로 나뉘어져 있다. 점차적으로 단계별 고급과정을 소개하고 있다. 이 쿰니를 통하여 많은 이들이 그들의 몸과 마음이 건강해지고 매순간 즐거움이 가득하길 바란다.

2002년 해가 저물어 갈 시간에
박지명

 **글을 열면서**

티벳요가 쿰니 이완법은 부드러운 치료방법으로 부정적인 흐름을 전환하여 스트레스를 제거시켜 준다. 그러므로 우리의 삶은 더욱더 기쁘고 활기차며 건강하게 된다.

요즘 시대를 살고 있는 우리의 삶은 나날이 혼란과 혼돈이 거듭되고 있다. 하지만 그러한 긴장으로부터 벗어나야만이 즐거운 삶을 살아갈 수 있다.

쿰니는 우리의 감각과 가슴을 열어주어 만족감을 충만하게 하며 삶의 모든 부분을 더욱 풍요롭게 가꾸어 준다. 또한 단시간에 그 경험의 깊이를 더욱 깊고 풍부하며 조화롭게 성장시켜 준다.

쿰니 이완법의 독특한 가치는 생리적 · 심리적인 통합과 조화이다. 쿰니는 몸과 마음을 치료하여 주고 에너지를 불어 넣어주어 신체의 모든 기능을 순조롭고 안정되게 한다.

왜냐하면 쿰니 이완법은 우리의 모든 행동으로 몸과 마음을 통합적으로 이끌어 주며 마치 요가의 자세와 동작처럼 육체기능에 더욱 활기를 불어 넣어주기 때문이다.

감각이 열려있고 그 느낌은 직접 연결되어 우리의 몸과 마음은 상호 긴밀하게 작용한다. 그러므로 우리의 모든 체험은 더욱 건강하고 풍요롭고 아름다울 것이다. 우리 자신의 체험이 깊이 개발되어 이해도가 성장된다면 다른이들에게 더욱 많은 것을 나누어 줄 수가 있다.

쿰니 이완법의 전통은 티벳 의학서적과 고대 불교경전인 Vinaya(비나야)에도 포함되어 있다. 이 경전에는 우리가 생활하는 데 필요한 생리학과 우주의 법칙 등으로 치료하는 방법이 기록되어 있다.

쿰니(Kum Nye). 정확하게 발음하면 쿠움 나이(Koom Nyay)는 티벳과 인도의 영적이론, 의학이론의 실기와 더불어 중국 의학도 포함되어 있다. 이 계보에는 많은 요법들이 있는데 거기에는 요가와 침의 경락도 있다. 또한 몸과 마음의 훈련법들의 근원적인 방법이 모두 여기에 있다.

쿰니 이완법은 나의 경험과 제자들의 특별한 요구에 따라 현대적으로 만들어졌다. 내가 어린시절 티벳에 있을 때 나의 아버지는 라마승이었으며 외과의사였다. 그리고 아버지는 나에게 쿰니 행법을 가르쳤다.

쿰니는 티벳에도 잘 알려져 있지 않으며 다른 행법의 부속적인 과정으로 가르쳐 졌다. 나의 구루(스승)는 쿰니의 기존과정의 수행과 기본적인 이론을 가르쳤는데 닝티그 트사롱(Nyingthig tsa-

타르탕 툴구 (Tarthang Tulku)

long) : 섬세한 몸의 에너지 체계)의 기본적인 요가 전통을 가르쳤
다.

쿰니는 몸에 어떠한 체계를 세우려하는 훈련법이 아니며 나의 오
랜 체험과 탐구를 통한 실험의 결과이다. 그러므로 나는 이러한 쿰

니의 열린 가능성을 충분히 살려 적용하였으며 10년이 지난 후 나의 서양인 제자들에게 수백 가지의 독특한 방법을 개발하여 많이 가르쳤다.

이 책은 아주 지극히 단순하고 효과적인 동작들만 엄선하여 실었으며 나이에 관계없이 안전하며 교사(스승)가 없어도 행할 수가 있다.

호흡과 자기 스스로 하는 마사지를 비롯하여 다양한 동작들을 선별하여 구성하였다. 그리고 쿰니의 개발되지 않은 많은 방법들은 서양의 제자들에게 실천되어 많은 효과와 이득을 보았으며 서양적인 측면에서 체계화되었다.

나는 이 책을 통하여 쿰니의 효과가 다양한 많은 계층의 사람들에게 그들의 내면적인 감각이 이완되는 경험을 가져다 주기를 희망한다.

또한 이 책의 실천적인 과정들을 통하여 여러 사람들이 건강한 삶의 균형과 인생의 풍요로운 즐거움으로 매순간 모든 존재와 조화되기를 바란다.

끝으로 많은 사람들을 통한 쿰니의 임상적인 여러 체험들이 이 행법을 발전시킨데에 대하여 감사드린다. 지금의 쿰니(Kum Nye) 체계로 꽃피우게 만들어준 캘리포니아 버클리의 닝마 연구소(Nyingma Institute)에 이 책을 바친다.

타르탕 툴구

차 례

제5장 이완법 · 87

제6장 실천요강 · 199

1

느낌을 통한
내면과 외면의 이완법

느낌을 통한 내면과 외면의 이완법

The Inner and Outer Massage of Feeling

"이완을 통하여
전체적인 존재의 새로운 길을 발견한다"

우리의 특별한 삶의 시간은 모두 기억에 남는다. 그때의 세계는 새롭고 희망이 있다. 마치 정원의 꽃이 봄날 아침에 눈부시게 밝게 빛나듯이 말이다.

어쨌든 환경은 모든 물질적인 원소가 절대적으로 작용하며 조화로운 지식에 의하여 생명력의 정확한 도움을 받아서 갑작스럽게 일어난다. 그 충동적인 감각이 일어날 때 환경의 변화가 생기는 것이다.

우리의 몸은 건강하고 에너지에 가득 차 있으며 마음은 분명한 확신에 차있다. 또한 우리의 오감(五感)은 더욱 빛나게 된다.

우리의 감각이 환경에 가장 잘 반응하는 특성은 즐거움이다. 색깔은 더욱 분명하게 보이고 소리는 더욱 생생하게 들리며 향기는 더욱 풍부하게 진동한다.

완전히 경험하게 되는 모든 것은 모두에게 활기를 불어 넣어주며 안과 밖의 공간에 대한 경계가 더욱더 부드러워 진다. 어떤 것도 확실하게 고정된 것은 없으며 모두 확 트여 활짝 열려져 있다. 이로써 우리는 쉽고 부드럽게 행동한다.

이 경험의 핵심은 균형과 조화이다. 또한 깊고 신선한 많은 느낌들을 가꾸어 나간다. 그밖에 우리가 일반적으로 '행복'이라고 부르는 느낌들을 훨씬 넘어서 그 이상의 것으로 계속해서 연장시켜 준다.

쿰니는 이러한 균형을 개발시켜주는 훌륭한 기술이다. 이러한 이완법을 통하여 우리는 환경과 느낌(감각)과 몸과 마음의 통합적인 즐거움과 함께 우리의 몸과 마음을 활짝 열어 모든 존재의 새로운 길을 발견하게 해준다.

우리는 이 방법을 통하여 생활의 전반적인 경험의 특성을 완전히 체득하게 된다. 몸전체가 재충전되면 마치 순수한 물뿌리에 의하여 깨끗하게 목욕하는 듯한 느낌이 들 것이다.

몸과 마음은 생명력을 갖게되며 모든 감각도 좋아져서 감각의 인상이나 생각들도 더욱 생생하게 스며들게 된다. 이완의 특성은 걷거나 밥을 먹을 때도 유지가 된다. 우리의 일상생활은 부드러워지며 건강하고 균형이 잡힌다.

내면적인 통합과 세상과의 조화로운 관계는 우리 자신의 내면의 느낌과 감각에 의해 좌우된다. 깊은 느낌에 의하여 몸과 마음을 치료할 수 있으며 힘을 키울 수가 있다. 그리고 에너지의 흐름을 확장시켜 우주적인 힘과 연결시킬 수가 있다.

이완을 통하여 우리는 느낌을 축적시키고 확대시켜 깊은 자각(自覺)으로 천천히 자신을 일깨워 간다. 에너지의 심층부분을 통과하여 우리 몸의 내면을 가꾸어 가며 최종적으로 그 이상의 느낌을 맛볼 수가 있다.

이러한 에너지는 내적으로 감응하여 유지시켜주고 우리의 생활을 윤택하게 해주며 풍요롭고 강하게 만들어 준다. 그리하여 마음은 점차 맑고 순수한 균형을 얻게 된다.

우리의 감각과 느낌과 생각은 모두 하나로 연결된다. 모든 한계나 행위나 이상(理想)은 조화롭게 유지된다. 자각은 우리의 생활에 자유를 주고 강하게 움켜잡을 뿐만 아니라 확신감을 불어 넣어준다.

우리는 자연스럽게 여러면에서 세상을 좀 더 긍정적으로 바라보게 된다. 또한 행동이나 사상은 안정된 결과를 가져다 주어 우리 주위의 세계를 조화로운 흐름으로 이끌어 준다.

우리가 세상의 아름다움을 감지할 때 우주와의 자연적인 삶을 조화롭게 살 수가 있으며 마치 어미 소와 송아지의 관계처럼 양쪽 모두 즐거운 것이다. 그러나 어쨌든 이러한 존재로부터 언젠가는 멀어지게 된다.

우리는 모성 본연의 자연을 말하나 그녀의 사랑스런 아이를 모호하게 기억하게 되며 그 결과로 부드럽고 따뜻함을 잃어버리는 댓가를 지불하게 된다.

아주 어린시절 우리의 감각은 더 많이 열려있어 우주의 통일적인 감각을 체험하게 된다. 그러나 우리가 성장하면 할수록 우리의 인간성은 더욱더 자신의 욕망과 안전에 대한 느낌이 강해지면서 점점 더 탁해져만 간다.

더구나 복잡해져 가고 긴장과 압박을 주는 현대 사회는 더 심한 편이다. 비지니스의 성공을 위해서 친구간에 게임을 하는 등 거의 모든 힘을 경쟁에 쏟으며 스트레스가 쌓이는 상황을 만들며 살아간다. 그렇기 때문에 긴장된 느낌을 갖는 것이다.

우리의 생활을 더욱 바깥으로 열어젖히기 위해서는 경험을 수축시키지 말고 확장시켜야 한다. 우리 자신의 정신적 육체적 활동은 우리들을 진정으로 충족시키기 위한 부분적인 것들이다.

왜냐하면 우리는 정신과 육체를 통합할 수가 없기 때문이다. 모든 행위 안에 몸과 마음에 대한 통합의 중요성을 실현시키는 것이 아니라 느낌의 수준을 정신적인 성취로 강조하거나 육체적인 수준으로 풍요로운 감각을 가꾸어 주는 것이다.

느낌이나 감각들이 제한을 받으면 건강을 유지하기 위해서 외부적인 성질로부터 우리 자신을 보호하게 되는 것이다. 우리의 감각은 대조적인 것을 통하여 반응하며 우리 자신을 열어준다. 그러나 우리의 '이성적인' 마음은 섬세한 감각의 반응을 통제하여 그들의 얘기를 듣지 않는다.

완성을 갈구하며 우리 자신의 바깥을 찾기 시작하여 하나의 즐거움에서 또 다른 하나의 즐거움까지 끊임없이 연결되어 아무리 채

워도 채워지지 않고 제한되어 있다.

우리는 '바깥쪽'이란 상념에 만족스럽게 지배당하므로써 바라보고, 일하고, 활동하는 것이 충분하게 충족시켜 주지를 못한다. 우리는 우리의 마음과 감각을 자극시켜 더욱 강력한 활동으로 이끌어 준다. 그러나 좀 더 뭔가를 바라게 된다. 우리가 급하게 서두를 수록 감각 이면에 머무는 진정한 만족으로부터 멀어져 간다.

우리는 우리 자신의 이면에 가려져 있는 가능성의 문을 여는 것보다 환각제나 술이나 마약으로 빠져든다. 진정한 만족감을 양성하고 발견하기 위하여 우리는 끝내 정신적인(영적) 길로 전환할 수도 있다. 자신의 에너지를 경험에서 경험으로 생각에서 생각으로 뛰어다니며 계속해서 확장시켜 나아간다.

계획을 세울 때 우리는 어떤 일이 일어날 것인가를 예견하고 그렇게 되기를 바라며 백일몽처럼 풍부한 감성이나 또한 순간적인 쾌락을 상상한다. 그러나 우리는 충분하게 경험하지 못하고 자신을 통제하며 회피하게 되는 것이다.

그러나 이러한 통제는 인위적인 것이며 우리의 몸과 마음의 세계를 지배하는 순환적인 자연법칙과는 연결되지 않는다. 즉 우리는 충족되지 않으며 느낌은 닫혀져 있는 것이다.

결국 더 본질적인 것을 찾게 되는 것이 불가능하며 깊은 경험의 수준을 열고 나아가는 것이 불가능하다고 믿게 된다.

우리는 우리가 가지고 있는 게으름이나 단순한 감각을 통해서는 그 거대하고 충만한 감각적인 용량은 오히려 감소가 되며 또한 충만함에 도달되지 않는다.

우리의 느낌이나 감각은 자연적인 에너지의 개발에 의해 계속해서 부드럽고 끈기 있는 전진을 한다. 그러나 우리는 완전한 경험의 영역을 맛볼 수 없다.

이것을 우리가 진정으로 깨달을 때 자연적인 우주의 흐름을 직접 경험하게 되며 자연과의 관계를 이해하게 된다. 또한 우주 전체가 진정으로 우리와 연결되어 있다는 것을 알게된다.

세계는 우리가 안정되어 있을 때 비로소 균형이 이루어진다. 우리는 자연히 세계와 연결되어 있으며 우주를 만드는 원소도 우리 안에 있다. 이러한 몸의 오랜 고대적(古代的) 지혜로부터의 연결은 우리의 가족이나 사회나 지구에 반응을 준다.

어쨌든 우리가 행동하는 모든 행위는 작지만 전 우주에 영향을 미친다. 마치 모든 파도가 기슭에 영향을 미치듯이 말이다.

우리는 이원자에서 우주까지 수많은 존재와 함께 무한하고 복잡한 상호적 관계를 맺고 있다. 우주의 다른 시스템들처럼 우리 자신의 개개의 구성원자는 완전하고 수많은 구성원소로 조화롭게 전체와 연결되어 있다.

덧붙여 말하면 인체의 골격이나 근육, 신경계 등은 심리적인 감정 계통과 함께 더욱 섬세한 에너지 기관들로 연결되어 있다. 몸의 모든 기능은 이러한 시스템과 연결되어 조화롭게 서로가 각자의 기능을 한다. 이러한 모든 존재를 우리는 '인간 존재'라 하며 환경과 연결되어 있는 것이다.

우리의 가까운 환경은 지구와 연결되어 있으며 또한 지구는 우주와 연결되어 있는 것이다. 외부적인 많은 힘들에 의하여 영향을 받으며 이해하고 감지하고 행동하는 다른 시스템들에 의해 우리의 몸 내부에 있는 현미경적인 세계를 포함하고 있는 것이다.

우리가 이러한 상호연결이 자각될 때 내면의 조화를 창조시키는 중요성이 자각되며 내면의 균형과 행복이 우리 자신의 내면의 원천임을 깨닫게 하여주고 몸과 마음이 성장하는 수단임을 비로소 알게 된다.

천천히 이완하고 우리의 감각들을 부드럽게 열어줌으로써 근원적인 개발을 할 수가 있으며 몸과 마음에 느낌의 통로를 열어 에너지 치유를 할 수 있도록 한다. 또한 경직된 근육과 마음을 우리의 섬세한 느낌의 특성으로 열어 주어서 풍부하고 강하게 이끌어 준다. 즉 신선한 경험으로서의 에너지 활로가 생기는 것이다.

우리의 몸과 마음의 에너지는 활성화되고 통합적이다. 이러한 감각은 더욱더 풍요롭고 예전의 인상적인 감각보다 풍부하다.

그러한 풍성함은 언제나 우리를 자유롭게 하여 생각은 우리가 도달하려는 것들을 훨씬 넘어서게 한다.

우리 자신은 자연스럽게 몸과 마음과 에너지의 유동적인 상태로 각성되도록 하며 자신의 내면에서 만족을 발견하도록 한다. 몸과 마음은 우리의 좋은 친구가 되며 근육을 더욱 원활하게 하여 긴장을 풀어주고 자유롭게 한다.

최상의 경험을 얻는 데에는 집중이 필요하며 그 관계는 더욱더 깊어지고 풍부해지며 조화롭게 이루어진다.

쿰니는 다양한 방법이 있는데 그 중추적인 두 가지 방법은 움직이는 것과 움직이지 않는 것이 있다. 이 두 가지 방법은 몸과 마음의 통합적인 에너지로서 느낌의 흐름을 자극시켜 준다.

우리는 몸, 호흡 그리고 고정된 마음을 일깨우는 것으로부터 시작된다. 단지 조용히 앉아있는 이완된 정상적인 상태에서 깨닫지 못하는 것이다. 이러한 이완은 코와 입을 통하여 부드럽고 섬세하게 진행한다. 이때 들숨과 날숨을 의식적으로 같게 호흡한다는 것은 힘이 든다. 호흡은 목 중심 부위의 긍정적인 에너지 원소를 접촉하게 한다.

호흡이 조용해지고 가라앉으면 생각과 이미지는 마음을 따라 몸 전체가 활성화 된다. 우리의 정신과 몸의 에너지는 재충전되고 마치 깊은 숲 속의 해맑은 호수처럼 투명하고 명료해진다.

우리는 몸과 호흡과 마음의 공통적인 느낌의 특성을 발견하며 고요하고, 투명하고 깊이 있는 특성들을 내면적으로 부드럽게 마사지하는 것이다. 더 깊이 이완이 진행되면 이 섬세한 느낌은 활짝 열린 렌즈처럼 더 많은 빛과 에너지를 받아들여 '사진'이란 경험을 창조하게 된다.

이러한 이완의 경험으로 더욱 깊이 들어가기 위해 앉거나 서서 움직이는 동작이나 체조 등의 '마사지(massage)'를 하게 된다.

우리는 일반적으로 마사지를 어떠한 움직임을 통해 직접 행한다고 생각한다. 그러나 몸은 그 자체로 마사지가 가능하다. 마사지는 느낌이나 감각이 어우러져 우리 내면의 전체 구조와 외부적인 형태를 포함한다.

마사지를 하는 동안 섬세한 느낌이나 에너지의 스며듬은 우리 몸을 통해 정신적인 느낌과 함께 전체적으로 연결된다. 이러한 에너지는 우리의 주위 환경이나 외부적인 오로라(에너지의 빛)의 움직임처럼 진동한다.

우리는 이 에너지를 내면적으로 돌려서 우리 자신을 치유하며 또한 직접 바깥으로 표출하여 우리 존재의 모든 국면들을 조화롭게 어우러지게 한다. 그리고 내면에 내재하는 태양의 느낌을 내뿜어 따뜻하게 하여 우리 주위의 모든 것에 퍼지도록 한다.

호흡과 함께 마사지를 하며 우리의 몸을 누르고 문지르고 긴장을 풀어주어 그 느낌을 통한 마사지를 행한다.

이완이 깊어지면 우리는 호흡, 감각, 몸, 마음이 직접 연결되는 것을 느낄 수 있게 된다. 감각들은 새로운 통로를 통하여 열리고 감각의 크기와 즐거운 느낌은 팽창되고 축적된다. 이로써 세상을 보는 시각은 부드럽게 변화한다.

모든 세포는 완전한 긍정적인 느낌에 젖어들고 스며든다. 근육과 세포조직 사이에서도 우리는 굉장한 느낌을 맛보게 된다.

우리가 감각을 진정으로 올바로 사용할 때 우리 몸의 모든 부분은 활기차게 살아있고 건강하며 정서적으로 완전히 깨어있게 된다. 우리는 매 순간마다 황홀하고 아름다운 체험을 경험할 수가 있으며, 그것은 마치 훌륭한 예술 그림을 보거나 아름다운 음악을 듣는 것과 같다.

우리는 자신을 치유하며 스스로 재생하게 하는 마사지로서 이완을 빠르게 전개시키며 자발적으로 더욱 풍요롭고 팽창된 느낌을 지닐 수 있도록 해준다. 이것이 쿰니 마사지이다.

스스로 진행되는 마사지의 체험은 깊고 풍부하며 자연스럽고 단순하게 일어난다. 모든 감각과 느낌은 일상생활에 생기를 불어 넣어준다. 또한 마사지는 시간과 공간을 팽창시켜주며 섬세한 느낌의 에너지를 몸의 안밖으로 존재하게 하여 조화롭게 가꾸어 준다.

사랑의 느낌이나 몸을 초월하여 팽창된 기쁨의 웃음은 마치 부드럽게 내리는 눈처럼 시간과 공간을 떠다닌다. 우리의 모든 감각은 즐거움의 증가와 함께 섬세하게 팽창된다.

우리가 가볍게 대상에 집중하게 되면 감각은 형태로부터의 느낌을 받는다. 이러한 방법으로 우리의 눈이 열리면 섬세한 '내면'과 '외면' 에너지의 황홀한 관계를 받아들이며 활기 있는 전체성을 항구적으로 표현하게 된다.

음식은 감각에 바치는 것이다. 우리는 맛의 느낌에서 나오는 모든 맛의 감도를 즐기는 것을 배우며 몸을 통하여 그것을 넘어선다. 먹는 것은 그 대상의 감각과 진정으로 만나게 하는 것이며 감사를 드리는 의식적인 행위이다.

소리를 듣는 것도 마찬가지이다. 우리 몸이 완전한 느낌을 가지게 하며 우리 자신과 우주적 차원과의 조화로운 상호적 도구인 것이다. 피곤할 때 우리는 몸을 이완하는 부드러운 음악을 듣는다. 느낌을 활성화하여 우리 자신을 치유한다.

우리가 말하는 감각의 소리는 부드럽고 안정되며 우리 주위에 부정적인 특성이나 충격적인 것을 형성하지 않는다.

우리의 감각은 충분한 실천을 계속함에 따라 더욱 달콤해지고 매일매일 더욱더 팽창되어 나갈 수가 있다. 소유욕과 어떠한 걸림돌

이 없을 때 즐거운 감각은 도래하며 우리의 몸은 부드러운 영향으로 열린다.

이렇게 열린 감각은 부드럽고 우유와 꿀처럼 달콤하며 깊고 섬세하게 계속 우리와 접촉된다. 그 자체로 우리의 감각은 신선하며 완전한 느낌을 즐기게 된다.

더욱 섬세한 호흡으로 우리의 감각은 따뜻하고 부드럽게 느껴지며 고요하고 빛나게 된다. 이러한 느낌은 전체적이기 때문에 분리할 수가 없으며 우리의 자각이 팽창되면 많은 사념과 느낌은 동시에 팽창되어 간다.

우리는 노력없이 실천의 즐거움을 발견하고 생명력 안에서 감각의 자유로운 느낌으로 살게되며 그 느낌은 영구적으로 축적된다. 삶은 드넓은 우주로 영원한 기쁨이 흐르게 되며 모든 세포, 감각, 의식은 이러한 흐름에 따라 과거와 미래로 존재한다. 이로써 우리는 즐겁게 생활하고 삶은 더욱 건강해지며 조화롭게 살아간다.

몸과 호흡은 충분히 고요하게 이완되어 있으며 즉각적인 마술적 상황에서 즐거운 느낌이 일어난다. 이러한 느낌은 팽창되고 축적되어 쿰니의 본질이 되는 것이다.

우리의 감각은 더욱 풍부하고 유연해져서 깊고 넓게 팽창할 수 있으며 그 느낌은 너무나 거대하고 항구적이기 때문에 결코 잊어버릴 수가 없다. 쿰니의 본질은 바로 기쁨의 감로수이다. 우리는 기쁨을 축적하는데 피부나 근육과 감각 등의 몸의 모든 부위를 통하여 진행된다.

이러한 이완법에 의하여 우리는 우리 자신이 묶여있는 그늘진 부조화스러운 부분들을 치유할 수가 있는 것이다. 부드러운 느낌의 특성은 생각이나 느낌 또는 개념과 이미지 등을 움켜잡고 치유할 수 있으며 더 이상 부정적인 특성이 되지 않는다.

이완의 근원적인 것을 발전시키고 우리의 내적 감각과 느낌을 치유하는 것이 쿰니의 할 일이다.

쿰(KUM)이란 몸을 뜻하며 실재이며 어떻게 화신(化身)으로 나타나는지를 뜻하며 니(NYE)는 상호관계, 또는 마사지란 뜻이다. 티벳에선 루(Lu)의 의미는 우리의 일상적인 몸이라고 하고 쿠(Ku)는 느낌을 동조하는 것이며 니(Nye)라고도 한다.

우리는 어떻게든 섬세한 에너지와 느낌을 개발하여 빠르게 사용해야 한다. 또한 그들의 잠재력을 충분히 활용하여 계속해서 항구적으로 팽창하도록 하며 그러한 흐름은 정제되고 재창조되어 생체 조직의 모든 기능에 재활력을 준다.

쿰니는 이렇게 몸과 마음의 순수한 에너지의 접촉을 통하여 이루어지며 우리의 감각과 정서와 즉각적인 느낌의 자각은 내면의 에너지 형태를 움직이도록 이끌어준다. 에너지는 모든 외부적인 형태로 자연스럽게 각기 다른 감각 기관과 친숙하게 퍼져 나간다.

각 쿰니의 실천은 세 가지 수준이 있는데 실기를 경험하는 것과 이완의 각기 다른 세 가지 특성과의 연관성이다.

첫 번째 수준은 기쁨이나 슬픔의 온화하고 냉정한 종류의 느낌들이다. 이러한 느낌은 쉽게 동화되며 표현된다. 이것은 약간 아픈 감각이며 흥분된 감각 또는 이완된 느낌의 에너지의 흐름들이다.

이러한 것은 '표면적인' 느낌이다.

우리가 실기를 진행할 때, 몸의 어느 한 부분에 특별함을 느끼면 이러한 느낌은 '나'라는 경험의 자각으로 유지된다. 이러한 첫 번째 느낌이나 감각에 접근하므로써 우리는 깊은 느낌의 수준으로 꿰뚫어 들어간다.

두 번째 느낌의 수준은 더욱 거대하고 강인한 느낌으로 열어주어 에너지의 흐름을 방해하는 특성들을 제거시킨다. 이러한 느낌은 정확하게 동일시 될 수는 없으나 좋아하는 방향은 남아있다.

이러한 느낌의 층은 첫 번째의 깊은 수준보다 더 까다로우며 다만 집중을 통하여 부드럽게 녹일 수가 있다. 이 수준은 움직임 그 자체가 감각이며 자신의 반응에 대한 느낌을 자각하게 하는 것이다. 어쨌든 자신은 고정된 경험이 줄어들기 시작하는 것이다.

세 번째의 느낌은 순수한 에너지나 경험에 접근하는 것인데 남아 있는 모든 방식을 초월한다. 거기에는 더 이상의 느낌이 없으며 동화되는 것과는 다르게 분리되며 아주 즐거운 느낌의 특성이 활짝 열려 있어 전체적으로 녹아내리게 한다.

이러한 특성은 일반적인 부위에 속하지 않는다. 우리는 그것이 어떻게 일어나는지 모른다. 그것은 '무엇이라는' 특성이 없으며 이 단계에는 개인적인 에고(ego)는 더 이상 존재하지 않으며 전체적인 느낌으로 하나가 된다. 이것은 잘 무르익은 단계이며 완전한 이완상태이다.

우리는 이러한 이완에서 모든 감각과 정서가 움직이는 것을 보게 되며 행위와 태도 자체가 완전히 열리므로 모든 것은 이완된다.

우리 내면의 모든 느낌과 감각은 순수한 에너지이며 '긍정적'이고 '부정적'인 정서를 모두 포함한 에너지의 유연한 표현이다. 다만 표면적인 수준에서는 긍정적이고 부정적이며 슬프고 행복하게 존재할 뿐이다.

우리는 거친 물질적인 경험을 어떻게 사용하는지를 알고 있다. 어떠한 초기의 현상도 확실히 자리잡을 때까지 증폭되고 확장되어 간다.

우리가 두 번째 느낌의 층에 도달하면 더욱 팽창되어 마지막 세 번째 단계로 갈 수 있도록 충분한 경험을 하게 한다.

느낌이나 감각이 다시 일어나게 되면 우리는 처음부터 다시 시작하여 계속되는 원을 그리는 것과 같다. 에너지는 영구적으로 그 자체의 신선함을 유지하고 기본적인 실재의 모든 흐름이 진행된다. 이러한 흐름의 모든 방식은 우리의 살아있는 존재이며 계속해서 영구적으로 새롭게 된다.

시간과 나이도 이 에너지를 잡을 수 없고 멈춰버리게 할 수도 없다. 항상 활동적으로 움직이며 그 자체로 스스로 개발되고 결코 멈추거나 지연되지 않는다. 우리는 이러한 '장수하는' 과정을 내면의 감각 깊은 곳에 이미 존재하고 있는 것이다.

쿰니의 실천은 모든 실재(實在)하는 본성으로 상징된다. 실재하는 에너지의 자극에 의하여 우리는 어떻게 마음과 물질의 기능이 반응하며 일어나는가를 이해하기 시작한다.

우리는 육체적인 법칙의 이해를 발전시키고 어떻게 감각이 일어나며 지각을 개발시키는가를 알게되며 그 후 이러한 개념이 존재화되어 정신적인 것으로 일어나게 된다.

모든 실재하는 것의 잠재력과 에너지를 자각함에 따라 우리는 이 잠재력의 경험을 따라서 알게되고 배우는 것이다. 우리는 육체적 형태의 진동적인 특성을 인지하며 우리 자신을 활기차고 풍요롭게 해준다.

느낌을 통하거나 에너지가 육체적인 형태로 전환되어 우리 몸은 공식적인 절차에 의하여 배워야 하며 그 절차가 진행되는 것을 이해해야 한다.

우주의 법칙은 투명하게 투과되며 우리는 마치 구름의 형상이 사라진 것과 같이 우리의 생체 조직도 그렇게 본다.

우리의 몸을 고정된 것으로 더 이상 보지 않으며 또한 우리는 물형화(物形化)된 과정을 더 이상 보지 않으며 다만 물형화된 과정을 경험하게 된다. 또한 어떠한 특별한 순간도 물질적인 것이고 계속 그 자체로 재생되는 것이다.

우리의 몸이 단순한 생리적 기능만이 아니라는 것을 알 때 화현(化現)된 반응의 가치이며 '실재'와 '비실재'를 뛰어넘은 존재의 방법으로 이해해야 한다.

우리의 느낌이 열려 있을 때는 우리는 더 이상 '에너지'를 알지 못하며 시작과 중간과 끝으로 형상화 된다. 다만 에너지의 완전한 전체성을 알게 될 뿐이다. 그러한 느낌은 한계가 없고 '바깥'이 없으며 수많은 형태의 특성을 지니게 된다.

그럼에도 '헤아릴 수 없는' 이란 말은 정확하지가 않다. 왜냐하면 에너지 그 자체가 전부이기 때문이다. 그러므로 우리는 우리 자신을 이해함으로써 다른 이들을 이해할 수가 있게 된다.

만일 우리 자신의 몸을 이해하게 된다면 우주를 이해할 수가 있게되며 우리 자신의 이해는 모든 곳에서 동일하게 일어나게 되는 것이다.

우리의 자각이 충분히 열려 있으면 주관과 객관의 관계가 모호해지는 에너지를 보게 될 것이며 오직 하나의 중심 부위가 생겨나며 모든 것이 중심 부위가 될 수가 있다.

일상적인 수준을 말할 때는 우리는 주관과 객관 모두의 중심을 말할 수 있다. 그러나 다른 차원에서는 주관과 객관이 전혀 관계가 있을 수가 없다.

중심 부위 그 자체는 형태나 한계가 없으며 그것이 완전한 전체이며 모든 것은 중심 부위를 향해 있다. 우주와 몸과 감각들 모두가 중심 부위를 향하여 집중되어 있다.

2

준비과정

준비과정
Preparation

*"실천의 순간이 시작되면
우리 자신은 건강의 씨앗을 키우고
긍정적인 태도를 일구어 낸다."*

쿰니의 실천은 내적 환경의 조화와 탐험이다. 이 체험으로부터 많은 이익을 얻고 외부적인 환경과의 조화로움을 만들 수가 있다. 외적 환경은 마음의 내면 상태의 반영이며 내면적인 느낌으로 조심스럽게 접근하게 한다.

쿰니의 실천을 통한 내적 세계의 경험은 더욱더 균형이 잡혀지게 되며 외부 세계의 인지력으로 쉽게 증가된다. 실천을 계속 행함으로써 주관과 객관의 분리됨이 점차 녹아내려 자연스럽게 우리의 환경을 조화롭게 만든다.

쿰니의 실천은 깨끗하고 조용한 장소를 선택하여 결코 외부로부터 방해를 받지 않게 한다. 완전한 고요함은 시끄러운 현대의 도시에서는 좀처럼 찾기 어렵다. 하지만 고요한 장소의 발견과 시간은 얼마든지 가능하다.

너무 춥거나 덥지않게 기온은 적당히 알맞아야 하며 빛이 약간 들면 좋다. 카페트 바닥이나 잔디밭은 동작을 실천하기 적합한 장소이다. 만일 방안에서 실천한다면 창문을 열어 실내는 환기시키고 향을 하나쯤 펴두는 것도 좋다.

일단 시작하기 전 주위 환경과 친숙해져 있는가를 살펴본다. 아마 걸으면서 주위를 둘러보면 자신의 집중이 아주 편안하게 내면으로 향한 것을 느낄 것이다.

실천도중 옷은 편안하고 꽉끼지 않으며 최대한 자유롭게 움직일 수 있도록 입는다. 감각이 팽창되고 넓어져 자각이 개발되면 옷도 감각과 함께 실천적인 즐거움의 한부분이 될 것이다.

에너지의 흐름을 막는 것은 모두 제거시킨다. 예를 들면 시계나 보석, 안경이나 콘텍트 렌즈 등은 잠시 벗어둔다.

앉는 자세의 실천 행법에서는 골반을 다리보다 높게 해 주도록 쿠션을 받친다. 만일 땅에 앉기가 불편하면 의자에 허리를 꼿꼿하게 세워서 앉는다. 서 있을 때의 동작은 마루나 카페트 위에서 진행하며 두꺼운 매트를 사용하는 것은 부적합하다.

마사지를 하기 위해서 마사지 크림이나 식물성 기름 등 올리브유나 잇꽃유를 가볍게 발라주며 마치 계피나 사향처럼 달콤한 향기를 첨가하기도 한다.

환경을 만들어 내는 생산적인 수행은 우리 자신의 행위를 긍정적으로 표현하고 실천이 시작되는 순간에 마치 건강의 씨앗을 심듯이 긍정적으로 행위를 하게 된다.

동작의 실천은 자신 내면의 만족을 느끼게 한다. 이러한 태도는 우리의 내면을 성장시키고 풍요롭게 하며 이완됨은 균형된 감각을 증진하며 개발한다.

이 책의 모든 행법은 내면의 느낌과 에너지를 팽창시키고 감각에 접촉하게 하는 방법이다. 외부적 형태의 자세들이 안정되며, 호흡과 자기 스스로 하는 마사지는 움직임들로 연결되는데, 쿰니의 본질은 그 느낌에 있다.

실천을 시작하면서부터 느낌과 감각은 일어난다. 앉거나 서거나 눕거나 하는 등의 움직임은 경험의 한 부분이며 느낌에 어떤 영향을 주는지를 자각해야 한다. 그런 후 천천히 율동적으로 움직인다.

마치 창문 밖으로 지나가는 열차의 속도를 진정으로 인지하지 못하듯이 쿰니의 실천이 성장할수록 그 즐거움은 증대될 것이다. 모든 움직임은 깊게 느끼게 될 것이다.

각 움직임은 마치 무희가 춤추는 것을 상상하듯이 부드럽게 이루어진다. 또한 모든 움직임은 한 곳에 고정적으로 집중되어 있지가 않다. 그러나 느낌의 자각은 활짝 열려 있다.

움직임의 경험은 이러한 방법으로 실천할 때 그 느낌은 활짝 열려 있으며 몸의 섬세한 느낌과 움직임의 형태를 자각하게 된다. 움직임을 가능한 많이 할수록 온몸은 전체와 연결된다.

움직임은 가슴과 감각, 자각, 느낌과 의식 등 모든 것을 경험하게 된다. 부정적인 것과 긍정적인 것도 경험의 일부이다.

쿰니는 전체적으로 경험하는 하나의 춤이다. 감각의 느낌을 이름이나 명칭에 관계없이 친숙해지도록 한다. 무엇이 느껴지면 느낌의 에너지가 계속 유지되도록 노력한다. 거기에 느낌을 꽉 채우고 팽창되게 한다. 느낌이 확장되면 그것을 만다라 도형처럼 시간과 공간의 모든 방향으로 팽창되게 한다.

아마도 우리는 깊은 만족의 상태가 오직 내면에만 있는 것이 아니라는 것을 발견할 것이다. 그러나 감각은 이미 넘어서 있다. 모든 것은 이러한 느낌의 특성과 함께 진행할 수가 있다.

각 동작이나 마사지의 경험은 세 가지의 성질이 있다. 긍정적, 부정적 그리고 중성적이다. 이러한 특질은 평가할 수가 없으며 어쨌든 모든 특질이 함께 작용하는 것이 가장 중요한 일이다.

이러한 특별한 자각은 각 동작의 중요한 부분이다. 긍정적인 느낌을 따뜻하고 부드럽게 가슴에 와닿게 한다. 그러므로서 부정적인 느낌은 둔해지며 배에 어두운 감각을 느낄 것이다. 중성적인 느낌은 빛이다. 조화롭고 안정되어 있으며 모든 공간이 고요하다.

자신의 모든 느낌들을 가능한 많이 경험한다. 씹고 삼키고 동화하여 몸전체로 전달한다. 우리는 느낌이나 경험의 다른 수준들을 발견할 것이며 내면의 모든 분자나 세포에 에너지를 자각시킨다. 느낌이나 경험의 자각을 증가시켜 에너지는 결국 에너지 근원의 행위로써 몸의 모든 부위에 연결한다.

또한 에너지가 자각되는 신체 부위가 없으면 어떤 시간이든 풍부하고 유용하게 몸과 마음의 통합성을 진정으로 경험할 수가 있다. 어쨌든 결정된 결과는 경험의 장애요인 중의 하나이다.

우리는 외형적인 우리 자신과 함께 경험을 결정하며 '이 느낌은 좋다' 또는 '이러한 행위는 나쁘다' 라고 결정하게 된다.

이러한 쿰니의 실천방법의 열쇠는 마치 흉내를 내어 하는 것이 아니라 당신의 마음에서 어떠한 결정이 일어나서 느낌이나 감각으로 더욱더 깊이 들어갈 신호로서 사용된다. 기관이나 조직, 근육들은 모두 깨어 있으며 더욱더 깊고 세밀하게 진행된다.

'당신은 아픔이나 기쁨을 느끼고 그것이 에너지로 뜨거워지는가? 무엇이 경험의 본성이며 그 특성인가?'

이러한 경험들은 충분히 이성적이고 의식이 깨어 있으며 예민하여 그 본성은 퇴색되거나 한정되지 않으며 더 이상 마음 속에서 비관적이지 않게 된다.

어떤 일이 일어나는지가 바로 무엇을 행하는 것이다. 질문을 할 필요가 없으며 자신에게 어떤 일이 일어났는지 보고할 수도 없는 것이다. 자신의 느낌은 단순히 그대로 표현된다.

이완을 배우는 것은 어떠한 목표를 성취하기 위해서이다. 그 흐름은 언제나 우리의 마음으로 되돌리기 위함이며 즉 장애를 뛰어넘고 이완으로 들어가는 것이다.

어떠한 준비에도 이끌리지 말며 어떤 것도 자신 안에서 조정하지 말고 자연스럽게 내버려둔다. 그것은 특수한 과정이 아니라 다만 이완할 수 있는 것이다. 우리는 이것을 깨달을 때 비로소 이완을 더욱더 빨리 배울 수가 있는 것이다.

이완을 개발시키는 방법은 자기 자신을 스스로 가르치는 것이 아니다. 계획이나 가르침만으로는 내적인 열림을 발견할 수가 없다. 내적인 에너지가 열리는 비밀은 개인적인 가르침에 의해 풀리는 것이 아니다. 이것은 결코 쉽지가 않다. 우리는 그동안 우리가 특별한 방법으로 존재하고 행동하는 것을 자주 이야기하였다. 그리고 우리 자신을 그러한 틀에 맞추려고 노력하였다.

우리가 당면하는 첫 번째 느낌은 어떠한 가르침 없이는 그 방법을 알 수가 없다는 것이다. 어쨌든 이완이 깊어지면 이러한 친숙하지 못한 느낌은 지나가며 이 과정은 계속 되풀이 된다.

이 책은 많은 가르침을 담고 있다. 어떻게 안전한 자세로 호흡하며 스스로 자신에게 마사지를 하는가를 담고 있다. 이러한 가르침들은 아주 중요하고 유용하다.

그러나 우리는 그것들에 능숙해져야 하며 외부적인 것에 의식되지 말아야 한다. 우리는 기계적인 수준을 넘어서 에너지의 섬세한 수준으로 이끌어 감각을 활짝 열어젖혀 다시금 억제하지 않는다.

억제함은 계속해서 이완을 기다리는 것이며, 이완은 어떤 곳에서 오는 것을 기대하는 것이다. 매력적인 기대나 내면의 대화는 성공과 실패를 바라보고 관조하며 우리의 '진보'를 제시하여 준다. 이러한 방법으로 쿰니를 많은 시간동안 내면의 이완됨과 에너지를 열어젖히지 않고 실천하게 된다.

그래서 이러한 내면의 대화를 이완하고 통제하려고 하지 않으며, 쿰니 그 자체를 행한다.

에너지는 자유롭게 직접 육체적, 정신적, 정서적으로 흐른다. 우리는 그것을 자각하고 받아들인다.

내면의 대화에는 심각하게 집중하지 않고 그 흐름에 휩쓸려 계속 전진한다. 단순하게 무엇이 자기 자신에게 주어졌는지를 고찰한다. 마사지를 하고 실천을 행한 결과에 대해서는 걱정하지 않는다. 그 다음에 비로소 활짝 열린 태도를 개발할 수가 있다.

실천을 행하는 동안 더욱더 많은 것을 경험하려고 노력하거나 동작을 만들려고 하지 않는다. 단순히 이완의 느낌을 가능한 더 넓게 열어준다. 자신의 행위를 실천하거나 마사지를 한 결과에 대해 결코 걱정하지 않는다. 다만 활짝 열린 태도를 개발시키는 것이다.

이완됨이 더할수록 문제나 생각이나 분쟁은 더 일어난다. 이완의 경험이 증가되면 몸은 더욱 풍부해지고 건강해진다.

우리는 이러한 변화를 성취시키기 위하여 특별한 실천을 행할 필요가 없다. 각성된 경험과 이완은 그 자체로 일상적인 생리적 에너지로 연결된다. 우리의 몸은 그 자체로 행위한다.

마사지를 완전하게 실천할 때 우리 자신은 감각 속으로 스며든다. 이러한 고요하게 앉은 자세는 실천의 한부분이며 느낌을 확장시키고 더욱 개발시키도록 자극하는 기회이다.

온화하고 빛나며 팽팽한 감각들은 외부적으로 드러나 있으나 노력없이 머물러 있는 것이 필요하다. 느낌을 바탕으로 분석하고 감각을 개념화시켜 그 흐름을 가로막는다. 그런 후에 단순히 내면을 열어젖히고 에너지는 그 자체로 자극을 준다.

진정한 휴식을 취하기 위해서는 몇 달정도의 시간이 걸리는데 제일 중요한 것은 규칙적인 실천이다. 가장 좋은 시작은 하루 두 번 45분씩 실천하는 것이며 호흡은 앉아서 한다.

아침에는 실기운동을 하고 저녁에는 침대 위에서 자기 스스로 마사지 요법을 진행한다. 만일 이 실천의 시간을 줄이고자 한다면 하루에 45분씩 한번만 행한다. 만약 식사를 했다면 적어도 1시간 후에 행하도록 한다.

시작은 점진적으로 조화롭게 행하며 이 책에 나오는 여러 많은 동작들을 실천한다. 몇 주동안 매일 3~4시간씩 홀로 행한다는 것은 쿰니의 내면적 경험을 일깨워 주는 것이다.

시간을 각 동작마다 배정한다. 만약 한 동작을 급하게 하게되면 다음에는 진보적인 감각을 창출하는 것을 잃어버리게 된다.

진정한 발전의 결과는 빨리 움직이지 않고 더욱 천천히 자신의 동작을 깊이 경험했을 때 일어난다. 적어도 2~3분 동안 동작을 반복하고 특수한 경험으로 발전시키는 능력을 개발시킨다. 각 동작은 내면적으로 그 자체가 보편적이며 내적으로 충분히 탐구되었다.

계속해서 시간이 지남에 따라 특히 시작 단계에서는 동작의 실천이 별로 마음에 내키지 않음을 느끼게 되며 또한 이완됨을 확실히 느끼지 못한다.

몸에 귀를 기울여 별로 내키지 않는 것이나 감각의 이끌림을 발견한다. 그리고 쿰니를 시작한다. 에너지는 거기에 있으며 계속해서 더 많은 체험을 할 것이다. 또한 우리 몸에 새로운 에너지의 감각을 맞이할 것이다.

몸은 자연스럽게 쿰니를 찾을 것이며 실천하는 동안 동작으로 이끌어주어 다양한 경험을 관찰하게 된다. 결국 그러한 경험으로 새로운 에너지의 감각을 자연스럽게 받아들여 실천하는 동안 정신과 이성을 통제하게 된다.

그러나 느낌은 자연스러운 실천의 형태를 취한다. 이렇게 실천하는 동안 충분한 확신과 함께 몸에 더욱더 기대감을 가지며 내적 본성으로부터 드러난 자신을 이해하게 된다. 이때부터 당신의 몸에 대한 지식을 발견하기 시작한다.

몸을 탐험하는 것은 감각을 발견하고 또한 고통스러운 부위를 발견하는 것이다. 호흡을 고통 부위로써 행한다. 천천히 부드럽게 내쉬고 그 부위를 잠시 이완한다.

이러한 동작을 행함으로써 치료의 효과를 발견할 것이며 통증의 고통은 깊이 있는 달콤함으로 전환될 것이다.

만일 실천도중에 이미지나 어떠한 색깔이 나타나면 움직임을 멈추고 바라본다. 시간은 시공(時空)을 넘어서 우리에게 그 효과를 체험시켜 준다.

에너지의 중심 부위는 열려있으며 이완의 경험은 몸의 내면 에너지의 흐름으로 녹아 내린다. 우리의 몸도 마찬가지이다. 또한 감각에 대한 열린 상태를 갖게 해주며 감각의 맛, 색깔, 소리들의 수준을 높여준다.

의식이 천천히 일어나면 내적인 조화가 이루어지며 내면에 대한 확신이 확실해진다. 결국 기쁨에 가득 찬 느낌을 발견할 것이며 아주 조화롭게 우주가 팽창되는 것을 인지한다. 이것은 예외가 없다.

자신있는 행동을 하게되며 결코 단념하지 않고 자신을 격려하는 인내를 가지고 실천해 나간다. 가족과 친지들은 이러한 행동을 이해하지 못하며 도와주지도 않을 것이다.

그러나 행법의 실천동기는 결코 자기 혼자만의 것은 아니다. 우리는 앞으로의 인간 세대가 가장 훌륭하게 되기를 바라며 가족과 친구들이 모두 잘 되길 바란다.

이러한 것을 개인적으로 보더라도 우리의 궁극적인 지식은 우리 자신이 갖는 것 보다 다른이에게 나누어주는 것이 훨씬 많다.

보통 시작 단계에서 우리는 우리 자신에게 75%의 시간과 정력을 바치고 25%는 다른이에게 바친다. 그 후 이것은 뒤바뀌게 될 것이다.

우리가 충분히 깨닫고 성취했다면 우리는 완전히 다른이에게 나누어 줄 수가 있게 된다. 결국 우리는 자유로워지며 모든 행위 자체는 베푸는 것이 될 것이다.

3

앉는자세

앉는자세
Sitting

생각이 사라지면
내면의 조화가 생겨나며
내면의 확신과 감각의 승화가 일어난다."

쿰니는 단순하게 앉아서 이완하기를 시작하는 것이다. 조용한 곳에서 담요나 방석을 깔고 앉거나 똑바른 의자에 앉아서 실천을 한다.

쿰니의 전통적인 앉는 자세(부처님이 깨달음을 얻는 자세)는 몸과 마음에 이완을 준다.

이러한 자세에서 에너지는 부드럽게 흐르게 된다. 또한 모든 정신과 육체적인 에너지는 충분한 시간을 주어 긍정적인 변화와 함께 치료 효과를 가져다 준다. 이러한 자세는 **일곱 가지**가 있다.

첫 번째 자세는 가부좌를 튼 자세이다.(만약 가부좌로 앉기가 어렵다면 의자에 앉아서 할 수도 있다)

의자에 앉았을 때는 다리를 편안하게 떨어뜨리고 발바닥은 마루에 수평으로 붙인다. 이러한 이유는 체중을 받치기 위함이다.

가부좌로 앉았을 때 방석이나 담요를 엉덩이에 살짝 받쳐주는 것
도 좋은 방법이며 반가부좌나 완전 가부좌를 하는 것이 많은 도움
을 준다. 하지만 반드시 그렇게 해야만 하는 것은 아니다.

쿰니의 전통적인 자세 중 나머지 **여섯가지 자세**는 다음과 같다.

① 손을 무릎에 대고 손바닥을 밑으로 한다. 팔과 어깨에 긴장을 푼다. 그리고 손은 편안하게 이완시킨다.

② 척추는 곧게 펴 바로 세운다. 이것은 에너지가 몸의 하부에서 상부로 자연스럽게 흐르도록 하는 것이다.

③ 목은 가볍게 뒤로 젖혀지는 듯 하게 하며 턱은 아주 가볍게 당겨준다.

④ 눈은 반 정도 가볍게 뜨고 부드럽게 코끝의 선을 따라 밑으로 바닥을 편안하게 응시한다. 사랑에 가득 찬 보디 사트바(Bodhisattva) '보살(菩薩)의 눈' 처럼 마치 어머니가 아이를 바라보는 것처럼 한다.

⑤ 입은 살짝 열고 턱은 이완시켜 풀어준다.

⑥ 혀를 살짝 구부린 후, 혀끝은 감아 올려 입천장 또는 이빨 뒷면에 댄다. 혀는 살짝 구부린다.

이와 같이 앉은 후 눈주위가 이완되는 것을 느낀다. 눈을 가능한 덜 깜빡이면서 자신의 자각을 내면적으로 돌린다.

만일 잘 사용하지 않는 자세로 앉게 되면 불편함을 느끼게 될 것이며 이완을 하는데 불필요한 긴장을 가져오게 된다. 그리고 무릎에 통증이 온다면 다리를 가볍게 풀어 느슨하게 한 후 교차시키거나 골반쪽을 베개나 쿠션으로 받쳐 높여준다.

이때 무릎이 불편할 수도 있는데 대부분 넓적다리 관절(연결부)이 경직 되어 있는 것이다. 다음에 나오는 두 가지 동작들은 넓적다리 연결 부분을 풀어 주도록 도와준다.

이 동작들은 가부좌뿐만 아니라 연좌(連坐)자세나 반연좌 자세에
어려움이 있을 때도 도와줄 것이다.

동작1 계속 진행되도록 내버려둔다

담요나 방석 위에 앉아서 발바닥을 서로 붙여 하나로 모은 다음
무릎 위에 손을 얹어 놓는다. 무릎이 발에서부터 몸까지 하나로 연
결되어 있다는 것부터 느낀다.

손으로 무릎을 미는데 처음에는 가볍고 빠르게 다리와 함께 아
래위로 움직인다. 마치 새가 날개를 퍼덕이는 것처럼 한다. 의식의
집중을 윗 부분의 움직임에만 모은다.

몇 분동안 조용히 앉아서 몸의 감각을 계속 주시한다. 이 동작은
세 번을 반복한다.

동작2 긴장을 풀어 버린다

　그림과 같이 담요나 방석 위에 가부좌로 앉아 오른쪽 발목을 바닥에 붙이고 왼쪽 장딴지를 든다. 허리는 바로 세운 다음 양손가락을 깍지 끼고서 왼쪽 무릎을 잡는다.

　아주 천천히 왼쪽 무릎을 살짝 올렸다가 내린다. 이런 동작을 양쪽 발 모두 3~9번 정도 몸의 감각을 느끼면서 아주 천천히 진행한다. 동작이 끝나면 앉은 자세로 5분 정도 기다려 감각이 지속되도록 유지한다.

　만일 위의 자세를 좀 더 다른 방법으로 바꾸고 싶다면 가부좌로 앉은 자세에서 한쪽 발목은 바닥에 붙이고 한쪽 다리를 똑바로 뻗었다가 반대편 무릎으로 올려준다.

　이때 양손가락은 깍지를 껴서 올려진 다리의 무릎을 감싸준다. 그리고 얼마 후 다리 위치를 바꾼다.

　가부좌를 다시 튼 다음 10분 정도 후에 몇 분동안 다리를 마사지하여 풀어준다. 그리고 다시 10분 정도 가부좌 자세로 앉아 있는다. 이런 식으로 가능한 원하는대로 계속해서 앉아 있는다.

　육체적인 불편함은 정신적이거나 감정적인것과 연결되어서 마음이 편하지 않으면 우리의 몸도 이완할 수가 없다. 앉아있는 동안에 만약 불편함을 느낀다면 마음을 주시할 필요가 있다.

생각의 흐름이 말로서 표현되거나 상상을 하거나 환상적으로 되지는 않는가?

적절한 시간에 당신은 쿰니의 전통적인 앉는 자세(일곱 가지 자세)를 발견할 것이며 호흡은 부드럽고 자연스럽게 유지한다. 이러한 호흡은 육체의 긴장에서 정신과 감정의 고통을 제거시켜 준다.

일곱 가지 자세는 시작에서부터 체계적으로 이완하는 것을 이해해야 한다. 조용히 앉아 있으라는 뜻은 몸을 움직이지 말라는 것이며 자신을 스스로 조절하는 것이다.

그러나 계속해서 수련을 하게되면 힘을 들이지 않고 이완하는 법을 터득하여 결국 완벽한 고요함과 각성을 체득하게 될 것이다.

지금부터 편안히 가부좌로 앉거나 의자에 똑바로 앉아서 30분에서 1시간 정도를 아래의 다음과 같은 동작을 행한다.

동작3 이완됨을 경험한다

호흡을 깊게 10번정도 행하고 천천히 몸전체를 이완한다. 원한다면 눈을 감고 해도 좋으나 입은 살짝 벌린 다음 이완한다.

이마나 피부의 표피로 긴장이 미끄러져 내려가면서 머리 주변의 모든 감각을 느낀다. 코와 귀와 턱과 입안과 뺨 등 머리부위 전체를 완전히 이완시킨다. 머리 뒷부분과 목, 식도, 뺨 아래 부위 등을 이완한다.

동작4 감각을 따라간다

만약 긴장된 부위를 발견하면 그 긴장된 부위를 눈이 녹듯이 즐겁게 풀어버린다. 당신의 어깨와 가슴, 팔, 손, 배와 등, 다리와 발과 발가락으로 옮기며 풀어 나간다.

이완되는 느낌을 진지하게 느끼면서 몸 전체로 더욱더 확장시켜 나간다. 15~30분 정도 계속 진행한다.

편안하게 앉아서 할 수 있는 만큼 충분히 이완한다. 천천히 자신에게 어떠한 감각의 자각이나 느낌의 흐름이 일어나도록 유도한다. 시작에서부터 자신을 다시 상기시키고 감각을 자각하는 것을 염두에 둔다. 그러면 어떤 징조가 일어나듯이 육체적인 감각이나 정서를 느낄 수가 있다.

느낌은 강할 필요가 없고 다만 섬세하고 맑아야 한다.

"내면의 귀로 그 흐름을 듣도록 하라. 당신의 경험을 진실하게 믿고 그것을 스스로 행하라."

이러한 것은 어떠한 공식이나 방법없이 스스로 터득하는 것이다. 언제든지 느낌의 흐름이나 감각을 체험할 때 가능하면 많이 계속해서 진행한다. 15~30분까지 행한다.

그 다음 주에는 매순간 자기 스스로를 가능한 많이 이완하여 풀어버린다. 음식을 먹을 때나 시장을 보거나 일을 할 때도 이완을 한다. 긴장된 근육의 예민하고 섬세한 움직임(비록 눈하나 깜박이는 것까지도)까지 지켜본다.

몸의 모든 부위를 가능한 많이 이완시켜 준다. 호흡과 함께 당신의 피부나 모든 내장기관까지 이완시켜 준다. 일곱 가지 동작은 머리카락까지도 이완할 수가 있으며 몸의 모든 부위의 느낌이나 감각이 살아있도록 하며 그것에 영감을 주고 풍요롭게 해준다.

느낌을 동조하고 확장시키는 것은 쿰니의 기초 행법이다. 이러한 방법으로 쿰니는 우리의 모든 삶의 양상을 즐겁고 생생하게 증폭시켜 준다.

감각이 증가되고 축적되면 우리의 몸을 통하여 에너지가 팽창하여 흐르고 그것이 우리 자신을 넘어서 주위 세계로 확대되어 나간다.

동작5 느낌을 확장한다

편안하고 조용하게 앉아서 호흡을 부드럽고 일률적으로 진행하며 입은 약간 벌린다. 여러가지 아름다운 기억들을 생각하도록 하며 그것이 실재가 되도록 한다.

아마 당신은 어린시절의 가장 즐거웠던 시간을 기억할 것이며 첫사랑이나 아름답고 자연적인 장소, 들이나 강, 당신이 걸었던 곳들을 떠올릴 것이다. 어떤 느낌이 일어날까?

이러한 기억의 긍정적인 에너지를 창조하고 더욱더 확장해 나가라. 그러면 몸을 후끈 달아오르게 하고 호흡을 가슴 부위보다 좀더 높게 쉬면서 고양된 느낌을 갖게된다. 눈을 감고 몸을 통하여 고양된 느낌의 증가를 진실하게 느낀다.

감각의 팽창을 몸 전체로 느끼며 자신의 안과 밖에 놓인 한계가 확실치는 않으나 마치 투과하는 것처럼 느낀다. 느낌의 팽창을 더욱 넓혀 자신의 몸으로부터 약 5~8cm 바깥 거리 정도로 느낀다. 느낌의 중심에서 점차적으로 모든 것을 향하여 무한한 흐름이 되어 모든 층으로 퍼져 나간다.

지금 천천히 이러한 생동적인 느낌을 몸으로 전환시킨다. 이 에너지의 결합은 당신의 몸과 마음을 깨끗하게 해준다.

이러한 방법으로 15~20분 동안 고양된 느낌을 계속해서 느끼며 우선 팽창된 느낌을 더욱더 창조해 나간 다음 당신의 몸과 감각으로 돌아온다.

만약 이런 상황에서 아름다운 상념이나 이미지나 느낌과 당신의
감각에 대한 자각이 더욱더 섬세해지고 본질을 찾게 된다. 몇 주동
안 가능한 매일 틈틈이 실행하도록 한다.

4

호 흡

호흡
Breathing

"우리는 오래전부터
어떻게 호흡의 에너지와 접촉하는지를 알았으며
호흡은 생명에너지의 무한한 근원이 된다."

호흡은 삶의 리듬의 도표이며 우리의 에너지를 분배하는 통로이기도 하다.

흥분되거나 격한 감정의 원인은 호흡이 고르지 못하고 거칠기 때문이며 우리 자신이 조용하고 균형 잡혀있으면 호흡 또한 고르고 느려지며 부드러워진다.

우리는 호흡에 의해서 정신과 육체의 상태를 변화시킬 수가 있다. 비록 아주 감정이 격하여도 호흡을 고르고 느리게 함으로써 우리 자신의 균형을 잡고 안정되게 할 수가 있다.

호흡이 계속해서 고요하고 안정되면 에너지는 증가되고 건강은 증진된다. 그러므로 우리는 숙면을 취할 수가 있으며 모든 정신과 육체 기관이 균형을 이루게 된다.

마음은 맑아지고 몸은 더욱 활기차며 민첩해진다. 청각은 맑게 들리며, 색깔은 더욱 선명한 색채감을 주고 더욱 풍부한 경험을 가져다 준다.

느낌은 풍요로워지고 아주 작은 일도 웃음과 함께 엄청난 기쁨을 가져다 준다. 우리는 어떻게 호흡의 에너지를 접촉하는지를 알았으며 호흡은 생동하는 에너지의 무한한 근원이 된다.

부드러운 호흡은 에너지의 흐름과 호흡으로 연결시켜주며 몸을 통하여 육체적인 에너지와 섬세한 의식을 분리시키지 않는다.

이러한 모든 '에너지 흐름'은 만다라Mandala(독특한 지하학적인 도형)를 보는 것에 의해 일어나기도 한다. 또한 모든 에너지 방향의 근원적인 중심점이나 에너지 흐름의 중심점인 영점(零點 : Zero Point)에 기인한다.

이 흐름 안에서 에너지의 중심은 몸을 순환하고 에너지를 내뿜는 통로 역할을 한다. 이러한 중심점들은 머리-목-가슴 중심 부위로 흐른다.

만일 우리가 이러한 에너지 흐름을 거리를 두고 바라본다면 머리 꼭대기에서 내려다보는 것처럼 느낄것이며 각 에너지 중심은 원으로 나타날 것이다.

호흡의 에너지는 특히 목 중심 부위에 연결되어 있으며 차츰 몸을 통과하면서 에너지의 흐름은 연결된다. 목 중심 부위는 호흡의 에너지 균형과 다른 섬세한 에너지에 가장 쉽게 접촉할 수가 있다.

목 중심 부위는 전통적으로 16개의 꽃잎으로 피어있는 에너지 중심 부위로 알려져 있으며 8개의 활짝 핀 꽃잎은 직접 머리 중심 부위와 연결되어 있으며 가슴과 목으로 연결되어 에너지가 흐르게 된다.

목 중심 부위는 고요히 안정되어 있으며 에너지 흐름은 균형이 잡혀있다. 또한 생리적인 에너지와 정신적인 유대관계가 통합적으로 연결되어 있으며 호흡 그 자체는 균형되고 정화되어 있다. 어쨌든 일반적으로 목 부위는 흥분되어 있고 에너지는 막혀져 있어서 에너지 흐름이 정확하게 흐르지 않는다.

호흡을 함으로써 목 중심 부위는 안정되며 그 기능은 원활하게 순환된다. 코와 입을 통하여 호흡을 천천히 부드럽게 하는데 입은 살짝 벌리고 혀는 가볍게 입천장에 붙인다.

시작단계의 호흡은 그다지 편하지는 않다. 그러나 에너지가 흐르기 시작하면 머리에서 가슴으로 호흡의 길을 따라서 생동적인 효과로써 느끼며 계속할수록 즐거움이 더욱더 증가된다.

에너지의 흐름이 몸 안에서 균형을 이루게 되면 느낌과 감각은 자연스럽게 확대되어 나가고 우리는 완성된 깊은 감각으로 활짝 열어준다. 그러나 이러한 것은 시간을 요한다.

왜냐하면 우리는 이러한 흐름으로 인하여 에너지의 흐름이 비균형적일 때는 감각이나 느낌에 도달하지 못하는 것이다.

이것은 영원히 우리에게 내면의 에너지가 균형 잡히는데 어려움을 주며 예전의 습관을 긍정적인 느낌이나 기쁨을 갖게 하는데 방해를 한다. 곧 우리 자신의 내면의 감각을 지나쳐 버리게 한다. 결국 우리는 육체적인 몸과 감정적인 몸 모두를 잃어버리게 된다.

이러한 것은 하나의 가상적인 힘이며 그 자체로서 충족되는 것이다. 직접적인 경험을 대신하여 우리의 감각에 완전히 동화가 되며 가슴의 느낌과 통합되어 우리의 경험에 대한 생각의 흐름을 움켜잡을 수가 있는 것이다.

우리는 주관적인 것에 다시 힘을 불어 넣어주고 '나' 라는 경험을 주며 그 경험 자체가 뜻과 형태로 대상화되어 굳어져 버린다.

이 상태가 되었을 때 느낌은 사실상 그 이후의 느낌이며 우리 자신으로 돌아가게 하는 정신적 이미지의 해석일 뿐이다. 느낌의 거의 대부분은 계속되는 불만족이고 긴장의 섬세한 형태이다.

우리는 자아에 도달되는 경험은 목 주위에서 가장 많이 느낄 수 있다. 에너지의 흐름이 머리 중심 부위에서 증가하여 가슴 중심 부위로 흘러 들어간다.

모든 격한 감정과 부조화, 미움과 분노와 에너지의 결핍은 압박감을 가중시킨다. 목 중심 부위가 불안정하면 섬세한 에너지는 가슴 부위나 머리 부위에서 진정한 느낌과 감각에 도달할 수가 없다. 에너지가 활성화되지 않으면 감각은 정확하지 않으며 곧 잠으로 빠져버린다.

쿰니는 우리에게 이러한 불안들을 부드럽게 소멸시키는 것을 보여주며 직접적인 경험으로 이끌어준다. 호흡을 부드럽게 코와 입을 통하여 행함으로써 점차적으로 호흡은 부드러워진다.

목 중심 부위의 에너지는 머리와 가슴 중심 부위와 연결되어 있다. 이것은 확고하고 안정되어 있으며 통제받지 않는 열린 호흡이다. 비록 우리가 이러한 방법으로 첫 번째 호흡을 시작했으면 감각이 깨어있는 것을 느낄것이며 또한 감각을 휘저어 놓을 것이다.

첫 번째, 코와 입을 통하여 똑같이 호흡을 가볍게 집중하여 시작한다. 호흡의 특성은 별 노력없이 진행되며 긴장이 들어가지 않아야 한다. 단지 아주 자연스럽게 행한다.

당신은 호흡을 올바르게 하려고 생각하지 않는다. 다만 자각을 코와 입을 통해 들숨과 날숨으로 똑같이 제공하여 준다.

호흡하는 동안 몸은 안정이 되며 이완됨을 느낀다. 이완감을 느낄 때 그것을 맛보고 즐기라. 만약 이러한 느낌이 처음이라면 가장 천국에 가까운 느낌을 상상하고 그것을 즐기고 느껴라. 그 후에는 육체적으로 에너지를 느낄 것이다.

이완의 느낌을 집중할 때 이러한 방법을 발견할 것이다. 가능한 이완의 느낌으로 깊이 들어가 그 느낌을 풍요롭게 하여 온몸에서 결실을 거둔다. 뼛속 깊숙이까지 그 느낌을 느끼며 몸의 바깥 부위도 마찬가지이다. 언제나 그것은 동일한 느낌을 가지게 된다.

그러한 느낌이 축적되면 그것을 활용하여 더욱 풍요롭고 길고 넓게 만들어준다. 또한 호흡의 특질을 북돋워준다. 그것은 마치 물을 모아서 전기를 만들어내는 것과 같이 기운을 북돋아주는 것이다.

느낌은 희열에 차 있으며 매우 많이 열려있다. 거대한 특성으로 몰입해 들어가며 우리가 더 이상 획득할 수 없을 정도의 느낌이 아주 강하다.

결국 이러한 느낌의 힘을 확립함으로써 모든 에너지의 중심과 세포, 감각들을 열어서 몸의 모든 균형을 이루어지게 한다.

이러한 호흡을 확실하게 수행하고 느낌을 접촉함에 의해서 더욱더 그 본질에 직접 도달하도록 해준다. 말이나 해석이 필요없이 다만 직접 체득할 뿐이다. 어느 때나 에너지를 사용하려 할 때 그렇게 할 수가 있다.

우리는 호흡과 생각의 특질을 개발하려고 할 때 호흡과 생각은 하나로 되어 점차 팽창해 나가면서 직접적인 경험을 증진시켜 준다. 생각의 에너지와 호흡의 충동적인 자극은 별개이나 항상 에너지를 증진시키고 신선하고 유용하게 해준다.

그 과정은 마치 밧데리를 충전시키는 것과 거의 비슷하며 우리의 자각이 정신적 에너지에서 호흡으로 뛰어들어 에너지를 자극시켜 준다. 이러한 것이 무한한 에너지의 비밀이다. 마치 자신의 에너지가 순간적으로 낮아져 절정에 이르는 것이다.

에너지를 어떻게 전환시키는지를 알 때 우리는 충분히 에너지를 잘 공급하고 무한한 에너지의 근원으로 전환시킬 수가 있다.

호흡이 진정으로 조화로울 때는 너무 집중적이지도 않고 팽팽하지도 않다. 다만 아주 느리고 부드러운 안정된 수준이다. 동시에 자각은 호흡과 쌍을 이루며 마치 결혼한 사이처럼 자연스럽게 효과를 보게된다.

호흡은 레이다처럼 어떤 정서적인 신호와 감각을 통하여 즉각적으로 전달시킨다. 정서나 느낌의 시작에서의 자각은 우리를 보호해주는 공간이다. 자각은 통제를 하도록 깨우쳐주며 일반적으로 힘이나 억눌림에 의하여 통제 당하는 것과는 전혀 다르다.

호흡을 자각할 때 우리의 삶은 균형을 이룬다. 몹시 화가 나있거나 고통을 느끼거나 좌절감에 빠져 있을 때 우리의 상황을 아주 조금만 호흡으로 집중한다. 그런 후에 신경을 써서 조용하고 천천히 그리고 율동적으로 호흡을 행한다.

호흡에 에너지가 축적되면서 우리 몸 전체는 더욱 안정될 것이다. 몸의 다양한 부분들이 에너지를 받아들일 준비가 되면 안정을 이루게 되는 것이다. 삶은 건강한 리듬이며 감각들은 무르익어서 마침내 결실을 맺게 될 것이다.

중요한 것은, 어쨌든 호흡과 함께 진행하는 것이며 그렇지 않은 경우에는 별 효과가 없다. 결국 몸과 마음과 감각은 부조화적인 리듬으로 빠져들어 버리는 것이다. 그러나 적어도 매일 석 달 정도 하루에 20분에서 30분 정도 하게되면 도움이 된다. 호흡과 함께 에너지의 흐름을 유지시키고 축적시키며 다시 재생시켜준다.

첫째는 마음으로 자신의 호흡에 집중을 한다. 점차적으로 명상처럼 자각의 특성을 개발시킨다. 이완이든 자각이든 명상이든지 어떤 이름이든 중요하지 않다. 그러나 다만 이러한 것은 이름일 뿐이며 중요한 것은 경험의 특성이다.

우리가 에너지를 축적시키는 것을 배우고 나면 이 과정을 밤과 낮에 행할 수가 있으며 정확한 시간을 설정할 필요는 없다. 몸 전체가 휴식을 하며 근육에는 긴장과 정신적인 압박감이 사라지며 모든 곳에 에너지를 공급한다. 우리의 생은 더욱 건강하고 확고해지며 육체와 정신 에너지를 동시에 발전시킨다.

왜냐하면 내적-외적 에너지는 '호흡' 또는 '프라나(Prana)'로부터 오며 우리의 내적 환경이 변하면 외부 세계와의 관계도 변하게 되며 더욱더 편안하고 안정이 되는 것이다. 그것은 마치 객관세계의 대상과 주관세계의 감각이 우리의 의식으로 녹아 들어가는 것이다.

우리는 세계를 지지하며 세계는 우리의 감각과 우리 자신을 지지하여준다. 우리의 감각들은 즐거움을 주고 긍정적인 생각을 갖게 하며 우리의 계획은 우리가 계획하려는 출발점으로 다시 돌아온다. 곧 내적-외적 에너지가 조화롭게 균형을 이루게 된다.

호흡은 아주 쉽게 시작한다. 호흡은 진보하면서 호흡은 더욱더 느려진다. 아주 느려지고 부드러워져 들숨과 날숨이 거의 없을 정도이며 에너지는 확고하게 증가된다.

쿰니는 호흡과 함께 실행할 때 비로소 목표를 향해 나아가는 자신을 지켜볼 것이다.

호흡 실기편

쿰니의 호흡을 개발하기 위해서는 호흡은 코와 입을 통하여 느리고 부드럽게 그리고 고르게 행하여야 한다.

이렇게 하루에 20~30분 정도로 매일 3개월 동안 실천하는 것이 좋다. 시작단계에서는 이 호흡의 다른 특성들과 분리하는 것이 도움이 될 것이다.

첫 째주에는 **동작 6번**(본문 p.71)처럼 호흡을 아주 느리게 한다. 그 다음 3~4일간은 호흡이 **동작 7번**(p.73)처럼 더욱더 느려진다. 만일 좀 더 원한다면 실천을 더 많이 할 수도 있다. 어느 정도 발전되어 균형된 호흡을 이루면 **동작 8번**(p.74)과 같이 천천히 부드러운 호흡을 해나간다.

또한, 다른 장의 호흡 실기를 행하여도 좋다. **동작 10번**(p.78)은 명상을 위한 전통적인 앉은 자세이며 마사지 후나 동작 후에 실천한다. **동작 12번**(p.82)은 잠들기 전에 행하는 것이 가장 좋다.

동작 13번(p.83)은 아침에 일어나자 마자 행하는 것이 가장 좋으며 동작 14번(p.86)은 다른 동작들 보다 진보된 방법이며 쿰니에 대한 몇 달간의 경험을 가지고 실천을 해야만이 좋은 효과를 볼 수가 있다.

이러한 훈련은 호흡을 충분하게 발전시켜 이완을 하게하며 즐거움을 증가시킨다.

호흡은 우리의 몸에 더욱 활기를 불어 넣어주며 마음을 맑게하고 하루 동안의 호흡을 풍요롭게 유지시켜 준다. 또한 감각을 깨어나게 하며 모든 삶을 놀라울 정도로 발전시켜 준다.

동작6 즐거운 호흡

편안하게 매트나 방석에 정좌로 앉거나 의자에 바르게 앉는다.
입은 살짝 벌리고 혀끝은 입천장에 붙인다. 부드럽게 목과 배와 허

호흡 **71**

리를 이완시켜 준다. 호흡은 아주 쉽고 부드럽게 코와 입으로 행하며 그 과정에 대하여 그렇게 주의를 기울일 필요는 없다.

이러한 부드러운 호흡은 몸을 아주 가볍고 원기가 가득 차게 해준다. 만일 근육이 긴장되면 호흡은 부드럽게 천천히 행한다. 이러한 부드러운 호흡은 당신의 몸 전체를 안정시킨다.

호흡에만 집중하려고 하지 말며 점차적으로 더욱 무르익은 발전적인 호흡이 될 때까지 부드럽고 고요해야 한다.

강한 감각을 느끼자마자 목을 중심으로 다른 부분에도 어떤 느낌이 있을 것이며 느낌의 축적은 호흡을 계속해서 따르기만 하면 어떠한 것도 더 이상 필요가 없다. 느낌이 더할수록 온몸으로 감각이 퍼지는 것을 느끼게 될 것이다.

이 호흡은 하루에 20~30분 정도 일주일 동안 실천하며 하루종일 호흡의 특성을 가능한 많이 자각할 수가 있다. 일주일 후 **동작 7**로 넘어간다.

동작7 감각의 열림

편안하게 정좌로 앉는다. 그리고 코와 입을 통하여 부드럽게 호흡한다. 가볍게 들숨을 행하며 부드럽고 천천히 할 수 있는 만큼만 한다.

이로써 몸 전체에서 일어나는 움직임을 느끼며 호흡은 천천히 들숨으로 깊이 들이마신 다음 호흡을 확장시켜 감각을 축적한다. 10~15분 동안 계속 행한다.

지금 날숨에 가볍게 집중하고 코와 입을 통하여 천천히 내쉰다. 호흡은 아주 가볍고 부드럽게 행한다.(이 호흡을 할 때는 어떠한 특수한 들숨도 하지 않는다.)

이 느린 날숨의 특성으로 가능한 모든 세포와 조직과 기관의 전 감각의 영역을 많이 열어야 한다. 이러한 느낌은 몸 전체를 통하여 느낀다. 계속해서 10분 정도 행한다.

이러한 느린 호흡을 하루에 20~30분 정도로 3~4일 실천한다. 시간이 증가될수록 호흡을 더욱더 집중하여 느낌의 자각이 안정될 때까지 호흡을 따라간다. 3~4일 실천한 후에 8번씩 행한다.

동작8 호흡과 함께 사는 삶

　편안하게 정좌로 앉아 코와 입으로 천천히 부드럽게 호흡을 한다. 코와 입 둘 다 똑같이 호흡에 부드럽게 집중한다. 들이쉬고 내쉬는 것을 똑같이 행한다.

　호흡의 특성이 얼마나 어렵고 변화무쌍하며 흥분되고 깊은지를 주의해야 한다. 호흡의 여러 특성들은 정신과 느낌의 상태에 연결되어 있고 또한 호흡이 쉬워져 평정을 이루면 마음도 안정이 된다.

　호흡은 가능한 이완의 느낌으로 열어젖힌다. 호흡이 자신의 자각과 함께 일치되면 변화의 진행은 더 이상 몸의 한계를 인식하지 못하고 오직 느낌은 호흡을 따라 섬세한 에너지로 변화된다.

　호흡은 더욱 고르고 마음은 자연스럽게 고요해진다. 근육의 긴장과 여러 느낌의 변화들이 사라진다. 느낌의 깊은 층을 꿰뚫어 당신은 섬세한 많은 느낌들과 친숙하게 되나 굳이 말로 표현할 필요는 없으며 그러한 느낌의 팽창이 더욱 깊어지고 넓어지기를 바랄 뿐이다.

　이러한 고른 호흡의 실천을 적어도 세 달 정도 하루 20~30분씩 매일 행한다. 자신이 원하는 만큼 호흡을 실천하며 일할 때나, 걷거나, 말할 때와 같이 매순간에 행한다. 비록 밤이라도 깨어 있으면 행한다. 만약 이 실천을 누워서 하기 원한다면 다리를 쭉 펴고 무릎을 굽히고 발과 엉덩이를 바닥에 댄 다음 실행한다.

　동작 9, 10, 11에서 만트라 음(音)인 '옴 아 훔(OM AH HUM)'을

호흡과 함께 조용하게 소리낸다. **동작 12**는 옴 아 훔 만트라를 호흡과 같이 하여 이 음을 분명하게 발음하지 않고 단순히 깨닫는 것으로 한다.

옴(OM)은 실재적인 에너지를 의미하며 아(AH)는 상징적인 반응을 의미하고 훔(HUM)은 창조를 의미한다. '옴'은 육체적인 형태를 의미하고 '아'는 육체가 살아서 움직이고 유지되는 에너지를 대변하며 '훔'은 생각이나 자각 혹은 활동을 상징한다. '옴 아 훔'은 깨달은 몸과 마음과 영혼을 상징한다.

동작 9, 10, 11의 실기는 짧은 시간에 행하기도 하며 4~5시간의 긴 시간에 걸쳐 행하기도 한다. 좀 더 원한다면 30분 정도 더 행하여도 좋다. 또한 이 동작들이 익숙해지면 1시간 이상 늘려도 좋다.

동작9 옴(OM)

정좌로 편안하게 앉는다. 호흡은 코와 입으로 부드럽고 느리게
행하며 '옴(OM)'을 자각한다. 내면으로 옴을 호흡과 함께 읊조린
다. 옴은 호흡과 분리될 수가 없다. 옴은 가능한 가득히 호흡하는
느낌의 특성으로 개발시킨다. 느낌이 일어나면 호흡을 들이쉬면서
부드럽게 자신의 자각으로 편안함을 느낀다.

아(AH)

　편안하게 앉아서 두손을 배에 댄 다음 오른쪽 손가락을 왼쪽 손가락 위에 살짝 올려 엄지는 둘 다 붙이고 가볍게 돌린다. 코와 입으로 부드럽게 호흡을 하며 '아(AH)'를 조용하게 암송하면서 '아'와 호흡이 하나가 된다. 매우 조용해짐을 느끼며 호흡은 아주 느려지고 집중이 된다.

동작11 훔(HUM)

　방석이나 담요를 깔고 가부좌로 앉아 손을 무릎 위에 놓고 손바닥은 천장을 향한다. 코와 입을 통하여 부드럽게 호흡을 하면서 '훔(HUM)'을 자각한다.

　호흡을 통하여 소리와 호흡을 합친 '훔'을 발설한다. 이 호흡 소리의 개발이 가능해지면 호흡을 가슴에 가득 차게하여 크게 한다. 당신은 자각을 섬세하고 날카롭게 꿰뚫고 마치 명료하고 신선한 날숨이 계속되는 것을 느낀다.

동작12 옴 아 훔 호흡법

　이 호흡법은 저녁에 잠이 들기 전에 행하는 것이 좋다.

　옆으로 누워 팔을 마루바닥에 대고 골반을 넓게 한 후 다리를 서로 분리시킨다. 머리는 베개로 더욱 편하게 받쳐도 좋으며 베개를 무릎 사이에 받쳐도 좋다.

　입은 약간 벌리고 혀는 입천장에 살짝 대고 호흡은 부드럽고 고르게 코와 입으로 행한다. 호흡과 함께 만트라 옴 아 훔을 실행한다.

　들숨 가운데 옴(OM)을 그려보거나 생각한다. 들숨을 살짝 멈추고 아(AH)를 시작하며 숨을 내쉴 준비가 되었을 때 훔(HUM)을 생각한다. 만트라를 분명하게 발음하려 하지 않으며 '옴 아 훔'을 단지 느끼며 생각하는 것이다. 호흡은 순조롭고 단순하게 들숨과 날숨을 거의 같게 행한다.

　들숨을 멈추고 있을 때는 자신의 위장하부를 조인다. 날숨 시에는 위장, 코, 입을 의식한다. 호흡을 시작할 때는 약간 무겁지만 점차적으로 노력 없이도 당신의 호흡은 아주 느려지고 잔잔해지므로 공기의 사용으 점점 적게한다. 그러므로 호흡의 끝은 아주 고요해진다.

　얼마 후 당신의 호흡은 그 자체로 계속될 것이며 점차 몸을 에너지와 느낌의 영역으로 변환시킨다. 이것은 마치 몸을 팽창시키고 물리적인 부피는 축소하는 것과 같다. 이러한 호흡은 30분 동안 계속한다.

이 호흡은 아침에 일어나서 바로 행하는 것이 가장 좋으며 또한
하루 중 다른 때 해도 상관없다. 움 아 훔 호흡법은 밤 사이에 고르

지 못했던 불순한 기능을 제거시키고 새로운 다음날의 에너지를 재충전시킨다고 전해 내려오고 있다.

실천하는 동안 오른쪽 콧구멍을 막고 왼쪽 콧구멍으로부터 공포, 혐오감등을 내보낸다.또한 오른쪽 콧구멍으로도 모든 욕망과 집착과 분노를 바깥으로 발산시킨다.

양쪽 콧구멍으로 매일매일 둔탁하고 혼란된 마음속의 느낌들을 내보낸다. 담요나 방석 위에 가부좌로 앉아 오른손 엄지와 가운데 손가락을 말아 쥐고 검지를 펴서 오른쪽 코에 갖다댄다. 또한 왼손은 왼쪽 무릎에 살짝 갖다댄다.

들숨을 아주 깊게 쉬면서 가능한 공기를 많이 마셔 가슴과 배에 가득 차게 한다. 마치 갈빗대 상부에 공간이 생긴 것처럼 느낀다. 자신의 모든 세포는 이 호흡에 의하여 기(氣)가 꽉 차 있다고 상상한다.

그 다음 오른쪽 집게손가락으로 오른쪽 콧구멍을 강하게 막고 입은 다물며 왼쪽 콧구멍으로 천천히 가능한 깊고 완전하게 공기가 빠져나갈 때까지 내쉰다. 숨을 내쉬는 동안 위장은 진동을 한다. 그다음 잠시 쉬었다 양쪽 콧구멍으로 정상적인 호흡을 행한다. 이 호흡법은 두 번 반복한다.

이제 왼쪽 콧구멍을 왼쪽 집게손가락으로 막고 오른쪽 콧구멍으로 내쉰 다음 잠깐동안 휴식한다. 양쪽 콧구멍으로 세 번씩 가득히 내쉰다. 이것이 마지막 호흡이라 생각될 때 조금더 가득히 내쉰다. 그리고 몇 분간 앉아 호흡을 정상적으로 하며 몸의 감각을 즐긴다.

몸의 불순한 것이 밖으로 발산되도록 한다. 마치 왼쪽 콧구멍으로 둔탁한 하얀빛이 흘러나오도록 상상하며 또한 오른쪽 콧구멍으로는 까맣고 붉은 빛이 흘러나오는 것을 상상하며 양쪽 콧구멍으로는 짙은 파란색이 흘러나오는 것을 상상한다.

동작14 느끼는 호흡

　편안히 바닥에 앉아 양쪽 콧구멍으로 숨을 들이쉬고 1분 가량 호흡을 멈추고 있다가 느낌을 팽창시키는 체험을 한다.

　내적인 리듬이 가라앉으면서 당신은 감각이 열려 마치 에너지가 불꽃처럼 진동하는 것을 느낄 것이다. 어쨌든 느낌과 감각이 일어나면 에너지는 더욱 깊어지고 팽창된다.

　그러므로 생각이나 정신적인 이미지의 개념으로 직접 경험을 하게 된다. 그 다음 천천히 내쉰다. 이 호흡법은 세 번 반복한다.

　만일 1분 동안 호흡을 멈추기가 어려우면 자신이 가능한 만큼만 멈춘다. 실천을 계속 하다보면 점차 1분 동안 호흡을 멈출 수가 있게 된다.

5

이완 마사지

이완 마사지
Massage

> 우리의 느낌과 몸은 마치 물이 흐르는 것과 같다.
> 우리는 내면의 감각의 에너지로 헤엄치는 것을 배운다"

쿰니의 실천은 마음의 채널을 통하여 몸의 직접적인 느낌을 통합시킨다.

우리의 느낌과 몸은 마치 물이 흐르는 것과도 같다. 우리는 느낌을 활짝 열어젖히고 부드럽고 즐겁게 '떠있는(부유하는)' 상태로 이완시키고 느낀 다음 완전한 자신감으로 발전시키는 것이다.

이러한 에너지의 흐름과 느낌을 접촉하게 되면 우리는 감각 내면의 에너지로 승화되는 것을 배울 수가 있다. 통일된 전체의 느낌이 일어나면서 생각, 감각, 마음과 의식은 내면의 연금술로 연결시킨다.

쿰니 마사지를 6주 정도 매일 실천하게 되면 느낌은 더욱더 확실해진다. 그리고 이 행법은 낮에 행하는 것이 좋다.

　이러한 내적인 '헤엄치기'와 축적된 긴장을 녹이는 마사지는 우리의 고정된 태도와 개념에 의해 얼어붙은 느낌의 상태를 섬세하고 부드러운 에너지로 전환시킨다.

　이렇게 해소된 에너지의 흐름은 몸의 모든 구석구석의 세포에 가득 찬 느낌을 경험시켜준다. 우리의 몸은 덜 굳어 있으며 유동액처럼 열려 있다.

　즉, 쿠(Ku)보다 루(Lu)이다. 우리가 살면서 일하는 동안 느낌과 경험의 에너지에 가까이 다가가 생각과 느낌이 하나로 녹아들어가게된다. 우리의 느낌은 정신적 해석에만 더 이상 의존하지 않는다. 직접적인 경험은 상상이나 생각의 통로를 통하여 더욱더 근원적인 체험이 되며 우리의 자각 또는 각성(覺性)은 성장한다.

　우리 자신의 직접적인 경험은 마음이 느낌을 움켜잡을 때 잃어버리게 된다. 그러므로 쿰니 마사지를 시작할 때 당신이 가지고 있는 선입관과 함께 진행된다.

　생각과 관념은 표면층으로 움직여 나간다. 당신이 할 수 있는 만큼 더욱 깊은 경험의 수준으로 간다.

　"어떤 느낌이든지 충분히 탐구하라. 즐거움의 느낌을 활용하라. 낙원에 있다고 상상하라. 긍정적인 기억들-아름다운 들녘, 강산들을 생각하라. 느낌-그 자체를 표현하라."

사고와 감각을 통하여 각 느낌을 팽창시킨다. 사고는 당신을 잡을 수 없다. 에고(ego)와 이미지를 넘어서야 한다.

느낌을 계속해서 더욱 팽창시키고 깊이 있게 한다면 앞으로 더욱 더 색다른 많은 느낌을 체험할 것이다. 처음의 느낌은 다양한 마음의 이미지로 옮겨간 것이며 깊은 수준에서 느낌은 이미지가 없이 깊이있게 확장된다.

결국 자신이 곧 느낌이 되며 더 이상 어떤 경험자나 '나' 라는 존재가 남지 않게 된다. 곧 자신은 깊이 있고, 열려 있으며 충족되며 완전해진다.

전달의 의미는 상호적 관계이다. 느낌을 전달할 때 몸의 한 부위에만 영향을 주는 것이 아니며 몸 전체에 골고루 전달된다. 손과 근육과 마사지 지점이 상호 연관적으로 개발되며 몸 전체를 통하여 서로의 느낌을 창출시킨다.

상호적 연관은 실존하는 물리적, 비물리적인 수준 사이에서 일어나는 상호관계이며 연관된 특별한 에너지들이 몸의 한계를 벗어나 주위의 세계로 퍼져나간다.

자기 스스로의 마사지를 개발시키면 감추어진 다양한 많은 느낌이나 변화를 발견할 수가 있다.

쿰니 마사지의 특수한 에너지는 지압점의 근원에서부터 유래하며 몇몇 부위를 지압하므로써 즉각적인 효과를 느낄 것이다.

시작 단계에서 누르는 것은 그다지 많은 효과를 발견할 수가 없으나 특정한 부위의 지압은 과거의 부정적인 기억을 상기시킨다. 그러한 상황에서 육체적인 통증들이 사라지면서 정신적, 정서적

응어리들을 풀어헤칠 수가 있다.

근육의 흐름들은 과거의 상처들을 녹이고 순수한 느낌이나 경험을 준다. 특정한 부위가 해소되면 즐거운 느낌과 함께 가슴을 활짝 열어 몸과 마음은 하나가 된다.

몸은 열려있어 더욱 부드러운 액체와 어떤 특별한 목적이 없는 에고(ego)나 '나'라는 존재없이 어떤 시간을 발견한다.

준비나 목표가 없이 그 순수하고 부드러운 경험이 자연스럽게 일어나면서 바로 그 자리에 있다.

긴장의 형태가 녹아 내리면 느낌이나 경험은 사라진다. 자연적인 느낌에 어떠한 명칭을 붙일 필요는 없다.

다만 그 자체로 긴장의 형태가 완전히 계속 녹아내려 순수 에너지의 체험과 함께 감각기관과 세포, 각 장기를 가득 채우게 된다. 마치 물이 아름다운 장미뿌리의 깊은 곳으로 스며들 듯이 말이다.

마사지나 일상적인 개념의 근육을 풀어주고 늘이는 것은 자신 스스로 행하며 몸의 특정 부위를 누를 때 몸이 우주의 한부분인 것처럼 한다.

모든 것은 마사지의 한부분이다. 우주적인 관점에서는 모든 것은 우주에 참여하며 우리와 우주는 하나로 통합되어 있다.

우리의 몸은 마치 공간을 담는 거대한 그릇이며 우리가 물질을 접촉할 때 우리는 우주와 동시에 움직인다. 우리의 몸 전체는 공간을 실천하는 것이다.

마사지 실기편

마사지는 적어도 6주동안 매일 저녁에 45분 정도 하는것이 최상의 방법이다. 6주 후 저녁에 마사지를 계속하고 싶다면 쿰니 행법의 일부를 매일 마사지해도 좋다.

마사지는 일반적으로 다른 시간에도 할 수 있지만 가장 좋은 시간은 저녁이다.

마사지를 하는 도중에는 옷이나 천을 두르지 않는 것이 좋다. 만약 옷을 입을 때는 헐거운 옷을 입는것이 좋으며 보석, 안경, 콘텍트렌즈 등은 착용하지 않는다. 또한, 온수로 샤워를 하는것이 좋으며 그것은 근육의 긴장을 풀어 주는 데 도움이 된다. 곧 몸의 느낌을 활짝 열어 준다.

마사지 크림이나 야채 오일 즉 잇꽃물감이나 올리브유를 바르면 달콤한 향기를 더해준다. 만일 원한다면 마사지 후에 자연향을 첨가하며 향을 피우기도 한다. 그리고 잠자리에 들기 전에 마사지를 원한다면 뜨거운 우유에 차 숟가락 두 스푼으로 꿀을 타서 마시면 잠이 오는데 도움을 준다.

마사지를 시작하기 위하여 우리는 손에 에너지를 불어 넣어준다. 그리고 기름으로 약하게 또는 강하게 문질러준다. 그 부근에 통증이 오면 특수한 감각과 함께 누르고 문지른다.

마사지는 느낌을 가지고 음악처럼 팽팽하게 느낀다. 곧 손가락에 에너지를 담고 손은 마치 불꽃이 와닿고 퍼져나가는 것과 같다.

우리의 손은 팔을 통하여 에너지가 통과되며 곧 가슴에 와 닿는다. 그리고 몸 전체는 이 에너지의 감각들로 인하여 깊이있게 또한 풍성하게 느끼게 한다.

이러한 감각들을 느낄 때 재빨리 오른쪽 손바닥으로 왼손을 문지른다. 이러한 움직임은 아주 어려우므로 빠르게 진행되어야 한다. 감각을 따라서 가슴과 목과 등뒤 중앙 부위로 에너지가 흐르는 것을 느낄 수 있다. 손을 뒤집어 가볍게 문지르고 양손바닥이 뜨겁게 될 때까지 빠른 속도로 문지른다.

다시 손을 편 다음 손바닥을 올려서 가슴 부위로 가져간다. 그 다음 컵모양으로 살짝 오므린다. 손과 몸의 리듬과 함께 진행한다. 이러한 방법으로 천천히 몸 전체를 손이 닿는데까지 모든 부위를 마사지 해준다. 팔다리와 발도 마사지 해준다.

점차적으로 마사지의 깊은 체험으로 들어가면 몸과 감각, 마음과 호흡은 하나로 합일된다. 호흡은 아주 천천히 코와 입을 통하여 부드럽게 내쉰다. 호흡은 감각과 함께 일어나 각성되며 몸을 통하여 생동하는 에너지의 특성을 개발시킨다.

이러한 호흡은 순수한 느낌으로 에너지를 끌어올려 준다. 감각과 느낌을 팽창시켜 사념(思念)을 통과하여 손이 곧, 마음의 눈이 된다. 손으로 누르고 문질러서 마음을 몸으로 몰입하게 한다. 마사지의 마지막 단계는 5~10분 정도 앉아서 몸의 외부적인 감각이 일어나는 섬세한 흐름을 느낀다.

2~3일 동안 마사지를 하면서 특수한 마사지는 계속해서 나올 것이다. 모든 것을 급하게 하지 않으며 몇 가지 새로운 방법들을 시도해 본다.

시작 단계에서는 머리와 목, 얼굴, 어깨, 가슴을 강조한다. 하지만 언제나 실험적인 느낌으로부터는 자유로워야 한다. 강하게 막히거나 스트레스가 누적된 부위는 천천히 그리고 자유롭게 몸을 내면과 외면으로 밀접하게 연결시킨다.

매번 쿰니 마사지를 시작할 때 손의 감각적인 에너지는 각성된다. 다만 손은 기계적인 도구가 아니며 몸 전체를 닿게하는 부분인 것이다.

각 손가락과 특히 엄지와 손바닥의 느낌이 개발되면 손 전체로 마사지 할 수가 있으며 손과 마사지하는 부분의 에너지가 상호적 교류작용을 하며 몸의 다른 부위도 섬세하게 감각 에너지가 연결되어 있음을 깨닫게 된다.

손에 에너지(氣)를 불어넣는다

이 마사지는 손에 생기를 넣어주며 마사지를 시작할 때 행한다.

편안하게 똑바로 앉아서 코와 입으로 부드럽게 호흡을 쉬고 이완한다. 그리고 손에 살짝 마사지 오일을 바른다. 팔꿈치를 밑으로 한 상태에서 팔을 벌리고 손을 활짝 벌린다. 이때 손바닥은 위로하고 가슴 높이로 올린다.

마치 손은 작은 컵을 든 것처럼 하며 손과 발가락에 따뜻한 감각의 흐름을 느낀다음 천천히 마사지를 시작한다.

우리는 손가락에 에너지를 모으고 손바닥에 마치 불꽃이 타올라 퍼지는 것처럼 느낀다. 손에서 팔로 그리고 팔에서 가슴으로 퍼져나가도록 느낀다. 이 에너지의 감각이 몸 전체로 깊이있게 느껴지도록 한다.

이러한 감각을 느끼는 동안 오른손 손바닥으로 왼손의 손등을 재빨리 문질러 준다. 이 움직임은 강하고 빠르게 할 수가 있다. 이러한 감각을 따르며 등뒤 중간 부위와 목 그리고 가슴 부위에 에너지를 느낀다.

손을 바꾸어 다시 반복해서 문지른다. 우리는 손바닥을 빠르게 문지를 때 뜨거움을 느낄 것이다. 다시 손을 펴고 손바닥을 올려 가슴 부위로 가져가 작은 컵 모양으로 만든다. 몇 분동안 손과 몸에 감각의 흐름을 느끼며 천천히 마사지를 시작한다.

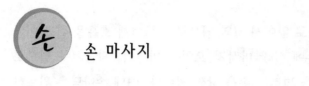 손 마사지

당신의 양손을 부드럽게 당기면서 마사지를 하고 몸 전체로 에너지를 활성화한다

한 손가락을 다른 한 쪽의 손가락으로 걸어서 강하게 마사지하고 당겨 주면서 손가락을 풀어준다. 몸의 자각이 깨어나도록 반복한다.

각 손가락마다 반대의 손가락으로 걸어서 강하게 당긴 다음 살짝 놓아준다.

각 손가락 끝으로 다른 손가락 끝을 마사지한다.

각 손가락 끝에서 뿌리까지 마사지를 하고 천천히 움직여 각 손가락의 앞면과 뒷면을 풀어준다.

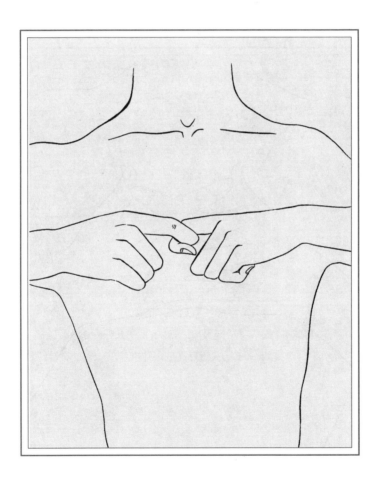

손가락을 거미줄처럼 중지와 검지로 다른 손가락을 얽어매어 손가락을 강하게 쥔다. 천천히 손가락을 밀며 부드럽게 비틀고 손끝에서부터 뿌리까지 조금씩 움직인다.

각 손가락 사이의 작은 뼈들과 마디를 당기면서 풀어준다. 집게손가락과 엄지손가락 사이의 넓은 부위를 특별히 집중한다.

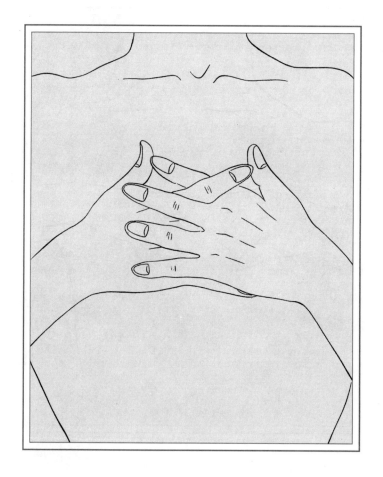

　그림과 같이 엄지손가락으로 다른 손의 손바닥을 마사지한다.
엄지손가락으로 손바닥을 가로질러 누르고 깊이 마사지한다.

　각 손가락 사이를 마사지 해주고 모든 작은 근육과 뼈마디를 집
중하며 손가락을 눌러준다. 마사지를 할 때 호흡은 코와 입으로 부
드럽고 고르게 한다.

　손 마사지의 다음 부분은 지압점을 사용하는 것이다. 지압점에

의해 발생한 감각을 최대한 의식하며 다른 지압점(나중에 사용하게 될 몸의 지압점)과 함께 눌러주면 아주 효과적이다.

　첫 번째로 누르는 부위는 가볍게 하며 점차적으로 강하게 누르다 나중에는 더욱 강하게 누른다. 약한 지압을 원하면 아주 점차적으로 해나가며 첫 번째는 섬세하면서 강하게 누르다가 중간쯤에서 아주 가볍게 누른다.

　이러한 방법으로 마사지의 활성화된 자각을 개발할 수가 있다. 동작을 하면 할수록 지압의 섬세함을 느끼고 얻을 수 있다.

　그러나 갑자기 누르지 않도록 주의해야 한다. 이 충격현상(Shocks)은 느낌의 섬세한 특성을 잃어버리게 하며 손과 손가락을 잡고 눌러 충분히 체험하도록 한다.

　마사지가 끝난 후에 몸에서 손을 뗄 때에는 거의 감지할 수가 없지만 느낌은 계속해서 오랫동안 진행된다.

　손은 매우 감각적이며 강한 자극은 몸을 통하여 상호작용을 한다. 〈그림 1〉(p.104)의 첫 번째 포인트(점1)를 찾기 위하여 손바닥을 위로한다. 그리고 그림에 나타난 것과 같이 손목 안쪽의 고리모양을 찾는다. 그 고리 모양의 가운데 있는 점1위에 집게손가락을 얹는다. 그 다음 손바닥을 뒤로 돌렸을 때, 두 번째 포인트(점2)에 엄지손가락을 올려놓는다.

　이때 점2는 점1의 반대위치에 정확히 있게된다. 엄지손가락과 집게손가락으로 손목을 강하게 눌러준다. 가슴과 배와 다른 부위의 불필요한 긴장을 제거시키고 호흡은 부드럽게 코와 입으로 내쉰다.

이제 엄지손가락과 집게손가락의 위치를 반대로 하여, 집게손가락은 손등에 놓고 엄지손가락은 손목 안쪽에 놓는다. 강하게 눌러주고 두 지점을 동시에 잘 조절하여 준다. 일어나고 있는 느낌을 자각하면서 눌러 주었던 것을 서서히 풀어준다.

손목 안쪽의 같은 지점에 엄지손가락을 유지하면서 집게손가락은 손가락 너비 정도로 손가락을 아래로 향하게 하며 새끼손가락쪽으로 움직여 준다.

이 지점(〈그림 1〉 점3)은 새끼손가락의 뼈와 넷째 손가락의 뼈사이에 있는 것으로 매우 민감할 것이다. 이곳을 발견하면, 엄지손가락과 집게손가락으로 세게 눌러준다. 그리고 그 상태를 유지한다. 천천히 그리고 부드럽게 풀어준다.

이제 집게손가락을 엄지손가락과 가장 가까운 지점(점4)으로 이동한다. 이 지점은 대략 점2에서 손가락 한 개 너비 정도이고 점2와 한 계통이다.

다시 엄지손가락과 집게손가락으로 점4를 눌러주어 그 상태를 유지한다. 당신은 강한 감정과 고통까지도 느낄 것이다. 코와 입으로 부드럽게 호흡을 하면서 그 느낌을 유지시켜 준다. 그다음 누르기를 점차적으로 풀어준다.

이제 손을 손바닥이 위로 향하게 한다. 손가락쪽을 향하여 두 손가락 너비만큼 엄지손가락을 점1과 점5 사이에 놓는다. 그리고나서 집게손가락을 이 지점과 정확하게 반대편에 위치한 손등의 지점(점6)에 놓는다. 이 두 지점을 동시에 강하게 눌러준다. 양쪽 코와 입을 통하여 고르게 숨을 쉬면서 서서히 풀어준다.

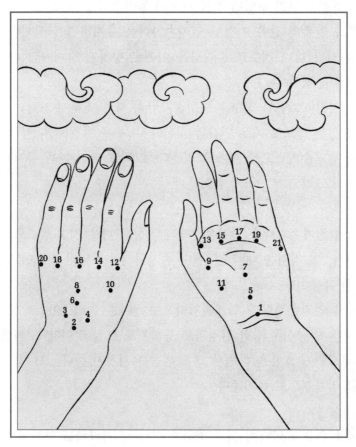

〈그림 1〉

엄지손가락을 손바닥의 중앙지점(점7)에 놓는다. 집게손가락을 이 지점과 상응하는 손등의 점에 즉, 가운데 손가락과 네 번째 손가락의 뼈 사이(점8)에 놓는다. 이 두 지점을 점차적으로 강하게 눌러준다. 그리고 천천히 풀어준다.

엄지손가락을 엄지손가락의 물갈퀴 모양의 지점과 가까운 곳(점9)에 놓는다. 집게손가락은 손등의 반대지점(점10)에 놓는다.

이 두 지점을 동시에 눌러주는데 누르기를 민감하고 강하게 눌러주다가 약하게 해준다. 숨은 코와 입을 통해서 부드럽게 쉰다는 것을 명심한다.(이때 기억할 것은 숨은 코와 입 양쪽을 통해서 쉬어야 한다)

엄지손가락을 엄지손가락의 언덕모양처럼 볼록 올라온 곳의 가운데 지점(점11)에 놓고서 민감하게 눌러주면서 문질러 준다. 눌러주기를 강하게 하여도 좋다.

남아있는 10개의 손가락 지점들(〈그림 1〉의 점12~점21)은 손가락 관절을 통과한다. 5개는 손바닥에 5개는 손등에 있다.

이 지점들의 두 쌍은 손의 옆쪽에 있고, 세 쌍은 손가락 마디뼈 사이에 있다. 이 지점들은 엄지손가락을 손바닥의 각 지점에 놓고 집게손가락을 손등에 상응하는 점에 놓았을 때 한 쌍이 되어 작용하게 된다. 누르기를 천천히 증가시켰다가 천천히 감소시켜준다.

양손의 지압점을 모두 완전히 마사지하도록 한다.

 얼굴 마사지

우리의 머리는 보통 몸이나 정서-생각과 밀접하게 연관되어 보다 더 바쁘게 활동한다. 그리고 목이나 어깨와 마찬가지로 우리의 얼굴 근육을 짜 맞추려는 경향이 있다. 우리는 얼굴을 마사지 할 때 에너지 가 우리의 몸 전체로 이동하는 것을 느낄 것이다.

그림과 같은 방법으로 손에 힘을 준다. 일단 양손바닥을 서로 많이 비벼준다. 그리고 손바닥이 달아오름을 느끼면 천천히 손바닥을 얼굴 위로 가져가서 부드럽게 눈 근처 위에 놓는다.

이때 안구에 어떠한 압력도 주지 말아야 하며, 코를 스치지 않도록 주의하면서 행한다.

손가락들을 약간 겹쳐준다. 열이 이동하여 눈에 에너지가 들어가는 것을 느끼면서 이 상태로 5~6분 정도 내버려둔다. 다른 부분들과 전체적으로 연관되었다는 것을 명심한다. 열이 안구를 지나서 신체의 여러 부분으로 통과하는 것을 느낄 수 있을 것이다.

다시 손바닥을 비벼준다. 뜨거워짐을 느낄 때 한 손은 이마에 대고 다른 손은 턱에 댄다. 두 눈을 감고 에너지가 흐르는 것을 느낀다. 손의 위치를 반대로 하여 반복한다.

각 지점을 강하고 부드럽게 하면서 안구 주위를 마사지 하여준다. 이때 두 눈을 동시에 마사지한다. 눈구멍(안와)의 안쪽 위 가장자리에서 시작하여 엄지손가락을 사용하여 눈썹 바로 밑에 있는 뼈의 골짜기 모양처럼 패인 곳(〈그림 2〉의 점1)을 찾는다.

머리를 똑바로 세우고 누르기의 세기를 증가하면서 눌러주고 그 상태를 유지한다. 눈을 감은채 그 느낌속으로 들어간다. 지긋이 누른 부위는 매우 강력한 힘이 있을 것이다. 그런 후 누르기를 아주 서서히 풀어준다. 그리고 일어나는 느낌들과 함께 가만히 유지한다.

집게손가락이나 가운데 손가락으로 〈그림 2〉의 점1에서 아주 짧은 거리에 있는 봉우리 부분인 점2를 찾아낸다. 그리고 눌러주면서 부드럽게 마사지 해준다. 이렇게 하는 동안 아마도 눈을 감고싶을 것이다.

눈썹의 아치형 근처의 세 번째 작은 계곡이나 골짜기형의 봉우리 점3을 찾는다. 남은 시간에는 이 곳을 집게손가락이나 가운데 손가락으로 부드럽게 눌러주고 마사지 해준다. 다른 지압의 세기도 실험해본다.

안구의 위쪽 바깥 모퉁이에는 특별히 주의할만한 또 다른 곳이 있다. 점4를 집게손가락이나 가운데 손가락의 끝을 사용해서 뼈의 작은 분화구를 찾아 마사지한다.

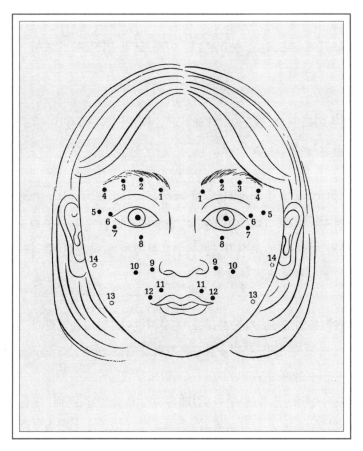

〈그림 2〉

　안구의 곡선을 따라 뼈의 작은 융기가 있는, 점4에서 한 손가락 넓이만큼 아래에 있는 점5로 내려온다. 집게손가락으로 서서히 강하게 눌러주었다가 약하게 눌러준다.

집게손가락을 사용하여 안구의 가장자리 바로 안쪽부분인 점6으로 이동하여 부드럽게 눌러준다. 이때 코와 입으로 살며시 호흡을 한다.

집게손가락으로 안구의 가장자리 지점인 점6에서 아래로 조금 떨어져 있는 점7을 찾는다.

안구의 아래쪽 굴곡에서 눈의 중앙 아래에 뼈가 있는 골짜기 지점인 점8을 따라 간다. 이때는 주의하여 부드럽게 눌러준다.
안구의 아래쪽과 코뼈가 만나는 부분에서는 특별한 주의를 기울인다.

이번엔 눈의 안쪽 가장자리를 마사지한다. 엄지손가락과 집게손가락 사이에 눈썹을 둔다. 엄지손가락을 위로하여 눌러준다. 뼈에 의지하면서 아래로부터 지탱될 수 있도록 한다.
눈썹을 살짝 잡고 천천히 집게손가락으로 이리저리 문질러 준다. 눈썹의 바깥 가장자리까지 행한다. 그리고 나서 안쪽 가장자리로 돌아온다. 이러한 마사지를 반복한다.

가운데 손가락으로 관자놀이를 강하게 누르고 주물러준다. 아주 천천히 둥글게 문질러준다. 만약 민감한 부분을 발견하면 더욱 천천히 움직인다. 처음에는 아주 약하게 눌러준다. 그리고 서서히 압력을 세게 가한다.

누르기를 아주 천천히 하여 확실하게 이완시켜준다. 그리고나서 그 회전방향을 바꾸어준다. 리듬의 느낌으로 누르기를 이끌어 나가면서 마사지를 계속한다.

    그림과 같이 이마를 마사지하기 위해서는 양손의 손가락들을 이마의 왼쪽에 나란히 놓는다. 양손을 가로로 하여 이마를 천천히 가로지른다.

    이때 손은 가능한 이마에 밀착시킨다. 여러번 이리저리 천천히 움직여준다.

이제 코 양쪽을 아래로 마사지한다. 집게손가락들을 양눈의 우묵한 곳 가까이에 있는 코 양쪽에 놓고 시작한다. 서서히 완전하게 상하로 문질러준다.

집게손가락으로도 마사지하기에는 충분하지만 두 손가락 또는 손가락 모두를 사용해도 된다. 다양한 압력을 시도하면서 코의 양쪽 아래로 천천히 이동하여 준다.

※ 다음과 같은 부분에 특별한 주의를 기울인다.

> ▶ 코끝 뼈는 코에서 반쯤 내려온 곳이다.
>
> ▶ 코 이음매와 뺨이 만나는 곳과 코 아래 부분과 만나는 곳은 당신의 이가 시작되는 곳이다.(〈그림 2〉의 점11)

이러한 지점에서는 손가락을 더 깊게 눌러준다. 그런다음 천천히 이리저리 문질러준다. 이완되는 어떤 특별한 느낌에 주의를 기울인다. 치아의 아랫 부분을 문질러주면서 다시 위로 이동한다. 이러한 완전한 동작을 2~3번 행한다.

양 엄지손가락을 코 이음매가 뺨과 만나는 패인 곳에 놓는다. 손은 턱 앞에 내려질 것이다. 엄지손가락으로 이 이음매를 눌러주는 동안 손가락이 천장을 향할 때 손을 천천히 교대한다.

광대뼈의 밑을 강하게 눌러주면서 얼굴의 바깥 쪽, 광대뼈 바로 아래 부분을 아주 천천히 엄지손가락으로 골고루 문질러준다.

비록 압력은 강하지만 엄지손가락의 움직임을 포착하기는 어렵다. 광대뼈의 선을 따라서 귀 근처의 뼈가 있는 융기를 향해간다. 피부 아래의 미묘한 긴장을 풀어주면서 느낌을 확대해 나간다.

집게손가락으로 코의 양옆에 있는 〈그림 2〉(p.109)의 점9를 눌러 준다. 누르기의 힘을 서서히 증가시켜 주면서 코와 입을 통해서 호흡을 고르게 해준다. 그리고 느낌을 확장시켜준다. 이때 강한 압력을 주저하지 않는다.

그리고 나서 광대뼈의 선을 따라서 굴곡을 지나 코와 떨어져 있는 점10으로 간다. 다시 강하게 눌러준다. 압력을 서서히 증가시켰다가 서서히 감소시켜준다.

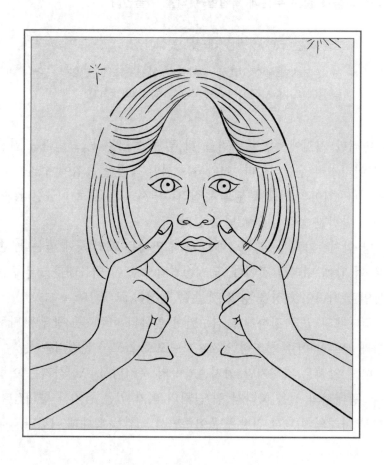

　위의 그림과 같이 뺨을 가로질러서 턱뼈의 우묵한 곳(〈그림 2〉의
점13)을 천천히 마사지하여 준다. 이 부분을 집게손가락으로 부드
럽게 눌러준다. 그리고 입을 약간 벌려준다.

　자신의 가슴이 열리는 듯한 느낌을 갖도록 팔꿈치를 천천히 바깥
으로 벌려준다. 이때 너무 강하게 누르지 않는다. 계속해서 눌러주
면서 입을 벌린다. 그리고 가슴은 약간 더 열어준다.

배에 긴장을 풀어주고 호흡은 서서히 부드럽게 해준다. 그리고 나서 팔꿈치를 천천히 앞으로 가져오고 압력도 풀어준다.

우측의 그림에서 보여주는 것 같이 집게손가락들은 뒤턱에 놓고 엄지손가락은 앞턱에 놓는다. 팔꿈치는 바깥쪽을 향하게 될 것이다. 즉시 손가락 모두를 이용하여 뒤 턱뼈 아래를 눌러 준다. 그리고 뒤턱의 모든 선을 따라서 골고루 시행한다.

강하게 누르는 것을 두려워하지 않는다. 천천히 압력이 풀리는 느낌을 기억한다. 엄지손가락으로 뒤 턱뼈의 위쪽을 눌러줄 수도 있다. 누를 때 코와 입을 통해서 부드럽게 호흡한다.

그림과 같이 양손의 손가락들은 앞턱에 놓으면서 엄지손가락은 뒤턱에 놓는다. 입을 약간 벌려주고 엄지손가락으로 뒤턱 아래를 위로 향하여 부드럽게 눌러준다.

전체적인 부분을 엄지손가락으로 잘 눌러준다. 특히 혀의 뿌리 근처와 편도선 근처를 위로 천천히 밀어주면서 행한다. 이 부분에서는 묵직하고 미끌미끌한 느낌을 받을 것이다.

만약에 그 부분을 눌러줄 때 마음이 내키지 않는지 주의를 기울인다. 이때 엄지손가락과 근육들 사이의 느낌을 잘 조절한다. 그리고 이 부분에 생동감을 가져올 수 있는지를 알아본다.

당신이 누를 때 느껴지는 모든 느낌 속으로 긴장을 풀어준다. 뒤턱의 근육 조직은 자주 꽉 조이는 습관적인 느낌을 지니고 있다. 그래서 여기에 하는 마사지는 여러 가지 다른 느낌들을 줄 것이다.

위와 같이 손을 똑같은 자세로 놓고 손가락을 사용해서 뒤턱의 위쪽 선을 따라서 좀 더 마사지 해준다.

미소를 짓는다. 그리고 엄지손가락들로 볼의 우묵한 곳을 잘 눌러본다. 이 마사지는 습관적으로 근육이 꽉 조이는 긴장된 부분을 발견할 수 있는 것이다.

문질러줄 때 피부를 통해서 몇몇 치아의 뿌리와 잇몸을 마사지할 수도 있다. 문지르기가 끝나면 천천히 압력을 늦추어 준다. 지금 당신의 얼굴에 어떤 느낌이 드는가?

이러한 마사지에서 얼굴의 주요한 부분들을 모두 발견하였다면 얼굴 전체를 약간 다른 방법으로 마사지 해보는 것은 권장할만하며 특히 즐거운 느낌을 가져다준다. 이마의 중앙을 위로 마사지해주고 이마를 지나 관자놀이 부분까지 마사지한다.

콧날에서 뺨을 지나 귀쪽으로 마사지한다.

코의 아랫 부분에서 귀쪽으로 얼굴을 가로질러 마사지한다.

코 아래(인중) 뼈의 구조를 느끼면서 입 주위를 마사지한다. 〈그림 2〉에 나타난 것처럼 점11과 점12를 집게손가락들을 사용해서 눌러준다.

씹는 근육들을 깊게 눌러주면서 입에서부터 얼굴을 가로질러 마사지한다.

앞턱의 가장자리에서 뒤턱의 각이 진 곳을 따라 마사지한다.

한 손은 이마를 가로질러 놓고 다른 손은 머리 위에 올려놓는다. 그리고 각 손의 손가락들은 반대 방향을 가리킨다. 동시에 양손을 천천히 손가락들이 가리키는 방향으로 움직인다. 그리고 다시 천천히 제자리로 돌아온다.

이마에 얹은 손을 얼굴 아래 턱쪽으로 천천히 움직이면서 골고루 계속해서 문질러준다. 그리고나서 다시 이마로 가져온다. 손을 가능한 얼굴에 많이 밀착시킨다. 이 마사지는 샤워를 하고 난 후에 하도록 한다.

이 마사지는 얼굴과 머리 양쪽을 위한 것이다. 한 손은 이마를 가로질러 놓고 다른 손은 머리 뒷부분에 놓는다. (안경과 장식류를 벗어두는 것을 명심한다) 천천히 양손을 반대방향으로 움직인 후 제자리에 가져온다.

마사지하는 동안에 당신의 머리는 꼼짝 않고 있었음에도 불구하고 마치 손이 머리를 교차시키는 것처럼 느낄 것이다. 손이 머리 전체를 마사지할 때까지 천천히 손을 내리면서 계속한다.

당신의 앞턱에서 목구멍을 지나 뒷목까지 계속 행한다. 손과 머리사이의 완전한 밀착을 즐긴다.

엄지손가락과 집게손가락을 이용하여 귀를 마사지한다. 귀의 바깥쪽 위에서부터 출발하여 서서히 나선형으로 움직이면서 중심에 행한다.

부드럽게 코와 입을 통해 골고루 호흡하면서 잘 눌러준다. 각각의 조그마한 근육까지도 마사지한다. 그리고 호흡과 느낌에 몰입한다. 귀가 뜨거워지면 천천히 움직임을 멈춘다.

귓볼 바로 위에는 갈라진 작은 틈이 있다. 눈을 감고서 매우 조심스럽고 민감하게 그 틈의 윗 부분 근처(〈그림 2〉의 점14)를 집게손가락으로 눌러주고 주물러 준다.

아마도 콧구멍과의 관계를 느낄 수 있을 것이다. 입을 다물고서 아주 천천히 문지른다. 이때 코로만 들이마시면서 너무 강하게 하지는 말자. 콧구멍을 벌리면서 코를 통하여 숨을 약간 들이 마신다. 그리고 하체는 긴장을 풀어준다. 등은 곧은 상태를 유지한다. 그리고나서 점점 더 천천히 문질러 준다. 만약 신체에 어떠한 감각을 느끼면 문지르는 것을 멈춘다.

이제 엄지손가락들을 이 지점에 놓고 가볍게 눌러준다. 그리고 집게손가락으로는, 문질렀던 방향으로 마사지한다. 그리고 다른 방향으로 원을 그리면서 관자놀이를 천천히 문질러준다. 호흡은 코와 입을 통하여 부드럽게 그리고 골고루 한다. 이때 호흡은 감각을 집중하도록 도와준다. 이러한 감각은 얼굴, 머리 그리고 신체의 모든 세포에 퍼진다.

무엇이 뼈이고, 무엇이 뼈가 아닌지에 특별한 주의를 기울여 당신의 얼굴을 마사지하라.

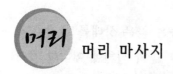 머리 마사지

보통 우리는 머리의 휴식보다는 얼굴의 휴식에 대해 더 잘 알고 있다. 그러나 머리는 민감한 부분이며, 감각들을 부드럽게 깨어나게 하면서 모든 신체의 미묘한 방해물을 경감할 수 있는 지압점을 가지고 있다.

양손의 손가락 끝 모두를 사용하여 두피를 마사지한다. 손가락들을 벌려서 손가락 끝을 두피(頭皮)의 앞쪽에 약간 힘을 주어 엄지손가락들을 두개골의 양쪽에 놓는다.

손가락 끝을 적당한 자리에 놓은 상태에서, 엄지손가락이 두개골을 지나 움직일 수 있도록 이리저리 마사지한다. 이러한 마사지를 다른 속도로 시도해 본다. 머리의 앞에서부터 중간 그리고 뒤로 움직이면서 두피의 모든 부분에 마사지 해준다.

※ 머리 마사지에서는 16개의 지압점들을 다룬다. (〈그림 3〉참조)

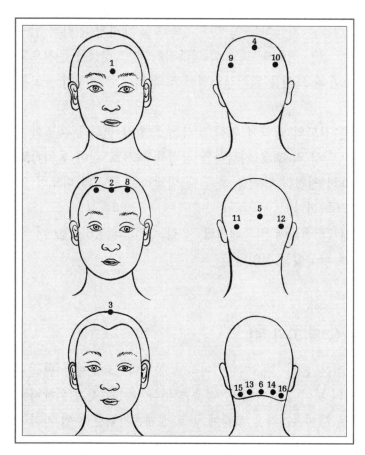

〈그림 3〉

점1에서 점6까지의 점들은 머리 앞과 뒤에서 작용하면서 머리 꼭대기의 중간선 상에 위치한다. 점7에서 점16까지의 점들은 점2, 4, 5, 6 옆에 있다는 것을 알 수 있을 것이다. 몇 개의 예외가 있는데 그 점들은 네 손가락 넓이만큼 떨어져 있다.

그 점들은 자극하는 느낌에 친숙해질 때까지 천천히 탐구한다. 측면에 있는 점들도 그 느낌을 주시한다. 그것들을 문지르고 누를 때, 호흡과 느낌을 일치시키면서 코와 입으로 천천히 골고루 호흡한다.

다른 정도의 압력에 의해 생기는 느낌의 변화에 특별한 주의를 기울이면서 각 점을 자극하는 감각들 속으로 깊이 들어가도록 한다. 특히 천천히 압력을 늦출 때 발달하는 감각의 미묘한 맛을 느껴보도록 한다.

일단 그 점들에 익숙해지면, 우리는 점3과 점6에 좀 더 길게 마사지를 하고싶을 것이다.

● 〈그림 3〉의 점1

이 점은 흔히 '제3의 눈'이라고 불린다. 코끝에서 위로 손가락 네 개의 넓이를 재어서 이 점을 찾는다. 점1을 찾기 위해서는 오른손으로 새끼손가락을 코끝에 놓고 집게손가락은 눈썹 가까이에 놓는다. 손가락들을 코 위에서 밀착시켜 곧게 뻗는다.

그 점은 바로 집게손가락이 놓이는 곳이다. 우리가 이 지점에 압력을 가할 때 약간의 우울함과 독특한 민감함이 오른쪽에서 느껴질 것이다.

　가운데 손가락을 점1에 놓고 2~3㎝정도 위쪽으로 곧게 문지른다. 그리고 약간의 압력을 가하면서 다시 내려온다. 눈을 감고 이 점에 집중을 하면서 이완의 느낌으로 깊이 빠져든다.

　눈을 감고 문지르면 이완의 느낌을 더욱더 느낄 것이다. 그리고 문지르기를 멈추었을 때 그 감각은 계속되는 것 같을 것이다. 호흡은 코와 입을 통해서 천천히 한다.

우리가 에너지를 느꼈을 때 이 감각의 전달층은 몸의 중심으로 간다. 일단 한번 그곳에 에너지를 느끼게 되면 천천히 그 감각은 중심에서부터 전체로 퍼질 것이다. 그리고 감각의 에너지는 모든 근육으로서의 한부분이 될 것이다. 약 2분 후에 문지르기를 천천히 멈춘다. 계속되는 감각들을 느끼면서 양손을 무릎 위에 조용히 놓는다.

몸의 긴장은 우리의 정신이 상상을 만들어내는 방법과 밀접한 관련이 있다. 이 곳(점1)을 문질러주면 많은 부분의 긴장을 경감시켜 주고 감각을 자극시켜서 느낌이 내부적 후광과 같이 온몸으로 퍼지게 해준다. 신체의 의식과 정신의 의식은 호흡과 하나가 된다.

이러한 이완에 깊게 들어가면 우리가 생각하는 생각과 상상은 균형과 생동감을 좀 더 이루게 되며 다른 부분에 좋은 영향을 미친다. 내부로부터 비롯된 우리의 신체와 정신은 풍성하게 피어난다.

그래서 우리는 진정으로 모든 사람을 살펴볼 수 있는 것이다.

우리는 매순간의 고귀한 기회를 신장시키기 위하여 가능한 살아 있음에 대한 존재의 기쁨을 나눌 수 있게 된다. 우리의 즐거운 느낌이 다른 사람들에게 전파됨에 따라서 그들도 역시 좀 더 안정된 균형을 이루게 되는 것이다.

다음과 같은 점을 눌러주는 것은 당신의 신체를 통하여 근육의 긴장을 풀어주는데 도움을 줄 것이다.

🔵 〈그림 3〉의 점2, 7, 8

　점1에서부터 점2에 이르는 길이는 네 손가락 넓이 만큼이다. 한 손의 집게손가락과 가운데 손가락으로 이 두지점을 누른다. 손은 고정한 상태에서 점2의 윗 부분을 2～3㎝정도 마사지한다.

　그런다음 다시 아래로 내려온다. 이러한 동작을 두 세 번 반복한다.

그 다음 점7과 점8을 양 집게손가락을 사용하여 마사지한다. 이 지점은 점2에서 양쪽으로 2~3㎝ 떨어진 위치에 있다. 그리고나서 다시 점2를 마사지 해준다.

마지막 단계에서는 점2와 점7과 8을 번갈아 가면서 2~3분 동안 눌러준다.

● 〈그림 3〉의 점3

네 손가락 넓이로 점2에서 점3에 이르는 곳을 잰다. 이 특별한 곳은 신체를 치료하는 중심이다. 또한 그곳은 우리가 죽을 때 의식이 통과하는 문이기도 하다.

마사지와 심상(心相)을 통해서 우리는 이 중심을 부드럽게 열 수 있고 우리 자신을 치료하는 방법을 알 수 있다.

다음의 그림과 같이 세 손가락으로 이 점에 원을 그리면서 가볍게 문질러 주고 눌러준다. 문지를 때 지름이 2~3㎝되는 원을 하나 생각하며 마음속에 그린다.

눈을 감고 손가락을 천천히 위로 들어준다. 이때 머리카락을 부드럽게 스쳐준다. 아주 서서히 손가락을 점3 위로 5~8㎝정도 점점 높이 올린다. 그리고나서 천천히 내린다.

당신이 무엇인가를 느낄 때까지 손가락을 올리고 내리는 것을 계속한다. 아마 그때의 느낌은 감각이 열리는 듯하며 시원한 느낌일 것이다.

　처음에 어떤 특별한 것도 느끼지 못한다고 해서 걱정하지는 말
자. 그것은 잠시동안일 것이다.

　자신의 손가락들로 느끼는 동안에 이 지점에 계속해서 느슨하게
집중하도록 한다. 나중에는 한 손가락 끝으로만 문질러도 약간의
에너지를 느낄 수 있을 것이다.

한번정도 머리꼭대기에 하나의 열린 원을 그릴 수 있으면 당신은 머리꼭대기에서부터 몸의 아랫 부분까지 하나의 기둥 속으로 이 원을 확장하여 그릴 수 있다. 이러한 그리기를 발전시키기 원한다면 한 시간동안의 과정을 4~5시간 소비하는 노력을 한다.

우리 몸 안에 명확하게 열린 기둥을 그릴 수 있을 때, 불꽃이 일어나는 흰색의 우주적인 에너지를 그것에 쏟아 붓는것을 그려본다. 이 아름다운 백색의 에너지는 목구멍과 심장과 배꼽 주변으로 흘러 들어가면서 당신 몸의 밑바닥까지 도달하면서 천천히 기둥을 가득 채운다.

그 에너지원은 무한하다. 당신은 그것을 상상하기 힘들 것이다. 그것은 마치 나선형이 중심을 둘러 움직이는 것처럼 모든 방향에서 나오는 것이다.

우리가 일주일 동안 하루에 45분 정도 이러한 그리기를 실시할 때 치료 에너지의 특별하고 즐거운 특성을 느낄 수 있을 것이다. 만약 처음에 이 느낌과 접촉할 수 없다면 앞서 설명한 열린 몸의 기둥을 상상하도록 노력해 보자. 그러면 곧 느낄 수 있을 것이다. 이러한 것을 행할 때 당신의 신체를 더 이상 보지 말라.

그곳에는 우유가 투명한 수정잔에 들어 있는 것처럼 아름다운 백색의 에너지가 열린 기둥을 가득 채우고 있는 것이다. 각각의 세포와 분자는 그것이 완전히 강해질 때까지 이 치료 에너지 속으로 들어간다.

🔵 〈그림 3〉의 점4, 9, 10

점3의 중간에서부터 점4까지 네 개의 손가락 넓이로 잰다. 점4에서부터 아래쪽으로 네 손가락 넓이만큼 벌려 머리의 양쪽에 있는 점9와 점10을 찾는다.

점4보다는 양쪽 점(점9와 점10)에 집중한다.

눈을 감고서 왼손 엄지손가락과 집게손가락으로 점9를 문질러주고 눌러준다. 그리고 점10은 오른손 엄지손가락과 집게손가락으로 문질러 주고 눌러준다. 이때의 모든 느낌을 실재가 되도록 한다. 또한 감각의 흐름을 찾는다. 압력을 서서히 풀어주면서 호흡은 코와 입을 통하여 골고루 행한다. 또한 모든 감정을 온몸으로 퍼지도록 내버려둔다.

두피 근육을 엄지손가락과 집게손가락 사이에 두고 각 점의 중간에서부터 2~3cm 위아래로 문질러 준다. 이 점들을 문질러주면 목의 긴장이 풀어질 것이다.

🔵 〈그림 3〉의 점5, 11, 12

점5는 점4에서부터 네 손가락 넓이의 아래로 잰다. 점5에서 점11과 점12를 찾으려면 아래쪽으로 네 손가락 넓이만큼 벌려 머리의 양쪽으로 잰다.

양쪽점(점11과 점12)에 초점을 맞춘다. 눈을 감으면서 이 두 점들을 천천히 가운데 손가락으로 문지른다. 그리고 호흡은 코와 입을 통하여 부드럽게 한다.

이때의 마사지는 호흡과 정신과 손가락들의 감정이 밀착된 느낌으로 하는 것이다. 이제 더이상 호흡만으로 마사지를 하는것이 아님을 알 수 있게 된다. 그러한 풍부한 모든 감정은 처음부터 끝까지 활짝 열린채 그 안에서 형성되는 상호작용을 자극한다.

결국, 그것들이 우리 몸 전체로 퍼질 때까지 의식과 호흡을 감정 속에서 충만해지도록 하는 것이다.

● 〈그림 3〉의 점6

점6은 〈그림 3〉의 점들 중에 가장 중요한 점이다. 이 점은 목 뒤의 두개골과 척추의 연결부위이며, 대략 점5의 중심에서부터 네 손가락 넓이의 아래에 위치한다.

처음에 찾기에는 약간 힘들다. 그것은 모든 사람에게 같은 위치에 있는 것이 아니기 때문이다. 처음에 이 지점을 찾아내지 못한다 하더라도 머리와 얼굴 위의 지압점을 일정하게 행한다면 당신은 아마도 어떠한 곳이라도 찾을 수 있다.

눈을 감은 채로 머리를 서서히 앞뒤로 흔들면 점6에 접근할 수 있다. 한 손으로 이마를 받치고 다른 손의 둘 혹은 세 손가락으로 두개골 근저 부근의 목 뒷부분을 눌러준다.

당신이 찾고있는 그 지점은 척추의 맨 위 5~8cm이내의 어느 곳에든지 있다. 아마도 가장자리나 모퉁이에서 매우 민감한 부분을 발견할 것이다. 당신은 내부에서 작게 우지직 소리가 나는 것을 느낄 것이다.

이 지점에는 특이한 에너지가 있다. 그것은 쉽게 기쁨으로 변화하기도 하며 또는 깊은 아픔을 발생시키기도 한다. 만약 문지를 때 어떤 특이하거나 기이한 느낌을 자아내면 당신은 정확한 지점을 찾아낸 것이다.

이러한 느낌을 가능한 많이 확대시키도록 한다. 숨을 약간 깊게 들이마시고 숨을 내뱉을 때는 부드럽게 한다. 그리고 머리 흔들기를 그친다. 그러나 점6을 주무르는 것은 계속한다. 점6을 중심으로 양옆의 네 개의 점들도 잘 활용한다.

위의 긴장을 풀고 몸은 조용히 고요해지도록 한다. 그리고 날아 다닌다고 상상하며 몸이 가벼워진 공기 같다고 상상하라. 또한 그 느낌에 깊이 들어가라. 가끔은 이 느낌이 너무나 깊고 민감해서 울고 싶어지는 기분이 들게 할 수도 있다. 그 느낌은 모든 길을 통해 척추 아래 천골(薦骨)에 이를 것이다.

이러한 깊은 느낌은 모든 미묘한 감각들을 살아 움직이게 한다. 많은 긴장들이 이 곳에 머물러 있게되고 이때 점6을 문질러주므로써 모든 신체 에너지들이 충전되는 것이다. 느낌은 척추와 어깨의 뒤쪽을 통하여 씻겨지고, 때로는 심장에 다다른다.

● 〈그림 3〉의 점1, 점6

점6에 가볍게 집중하면서 점1과 점6을 동시에 문질러 주고 눌러 준다. 점6의 정확한 위치를 발견하지 못하더라도 그것은 문제가 되지 않는다.

비록 그 두 점들은 한 방향의 선으로 연결되지는 않지만 이 두 부분을 동시에 눌러 자극하므로써 하나의 특이한 에너지 즉, 다양하고 민감한 방해물들을 제거시킨다.

두 눈을 감고서 똑같은 압력으로 두 점들을 약 30초동안 강하게 문지른다. 그런 다음에 아주 조용히 앉아서 머리와 뒷목에 느슨하게 집중한다. 에너지가 이마(대략 눈동자 위쯤 된다)를 통하여 머리에서 척추로 이동하는 것을 느낀다.

아무것도 느끼지 못한다면 눈을 감은채 눈동자를 긴장시켜 본다. 그리고 서서히 그것들을 느슨하게 한다.

목이나 머리의 뒷부분에 어떠한 감정이 일어나는가를 살핀다. 아마도 뜨거움 혹은 따뜻하고 행복한 느낌이 일어날 것이다. 가끔은 목 근육들이 따뜻하고 가벼워지는 것도 느낄 수 있다.

이 온기에는 가녀린 아기의 몸에 손을 대는 것과 같은 부드러운 느낌이 있다. 그것이 더욱 목 뒤에 느슨하게 집중되는 것을 느낀다. 그리고 그 느낌들은 척추와 아마 당신의 심장으로 흘러내려 가는 것을 감지하게 된다.

당신이 이러한 특별한 마사지로 발전시키고 싶으면 최소한 2주 동안 하루에 45분 실시하라. 가능하다면 하루에 두 번 실시한다.

🔵 〈그림 3〉의 점13, 점14

이 점들은 대충 두개골의 아랫 부분을 따라 점6의 양쪽으로 2~3cm 떨어진 곳에 위치한다. 이 점들을 주무를 때에는 가운데 손가락을 사용하여 천천히 압력을 강하게 하면서 주물러준다.

● 〈그림 3〉의 점15, 점16

이 점들은 대략 점13과 점14에서 2~3cm 떨어진 곳이며, 귀쪽으로 유양돌기의 끝 근처에서 약간 아래쪽에 위치한다. 가운데 손가락을 사용하여 이 점들을 각각 다른 정도의 압력으로 주물러 준다.

목 목 마사지

목의 긴장이 풀리면 머리와 심장이 좀 더 이완됨을 느낄 수 있다.

가운데 손가락으로 귀 바로 뒤에 있는 두개골의 융기를 찾아내서 목 근육을 아래로 치기 시작한다.(왼쪽은 왼손을 오른쪽은 오른손을 사용한다) 아마도 우리는 두 손가락을 사용하고 싶을 것이다.

스테르노 유양돌기(sterno-mastoid)를 쳐주고 문지르며 눌러준다. 그리고 유양돌기를 따라 목에서 어깨까지 행한다. 그런다음 귀 뒤의 융기로 돌아와서 다시 시작한다.

어깨 근처의 근육은 두 가닥으로 분리되어 있다. 이 미세한 분리를 느낄 수 있는지를 확인한다. 마사지 할 때 그곳을 약간 넓히도록 해보자.

그 근육이 분리되어 있는 지점을 가운데 손가락으로 눌러준다. 그리고 서서히 압력을 증가시켜 주다가 감소시켜 준다. 적어도 10분 동안은 이 근육을 계속해서 마사지한다.

목의 왼쪽 근육을 오른손으로도 마사지를 한다. 반대로 왼손을 이용하여 목의 오른쪽 근육을 마사지한다. 항상 지압의 세기를 아주 천천히 늦추어 준다는 것을 기억하면서 다른 지압의 세기도 적용해 본다.

스테르노 유양돌기 근육을 엄지손가락과 네 손가락 사이에 두고, 위 아래로 눌러준다. 그런다음 양손을 꽉 쥐고서 목 뒤에 놓는다. 그리고 손바닥의 아랫 부분을 이용하여 눌러준다.

마사지하는 동안에 호흡은 부드럽게 코와 입을 통하여 골고루 한다. 자신의 의식이 호흡에 이르게 한다. 부드러운 호흡의 느낌들을 늦추면서 근육과 의식에 긴장이 해소되도록 해준다.

왼손의 집게손가락과 가운데 손가락을 이용하여 목 뒤 왼쪽을 따라 근육을 주무르고 늘려주며 쳐준다. 그리고 오른손으로 목 뒤 오른쪽에 똑같이 해준다. 신체의식, 정신의식 그리고 호흡의식을 하나로 묶어주면서 이완을 늘려 나간다.

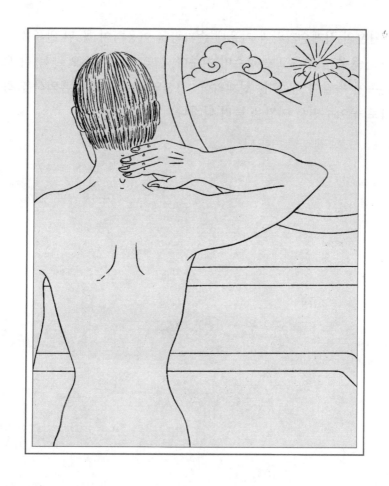

위와같이 집게손가락이나 가운데 손가락을 이용하여 목 아래에 있는 넓은 척추 바로 위를 눌러준다.(어깨와 한 선을 이루는 커다란 융기가 있다) 손가락으로 꽤 깊숙한 곳까지 만질 수가 있을 것이다.

압력을 서서히 풀면서 머리를 앞쪽으로 천천히 움직여 주고 다시 그 지점을 강하게 눌러준다. 다시 호흡을 부드럽게 하면서 압력을 서서히 풀어준다. 마지막으로 천천히 머리를 들어준다.

　그림과 같이 측면에서 약간 위쪽의 목 뒤 중앙 부분을 쳐주면서 왼손으로 목 뒤쪽을 마사지 해준다. 오른손으로는 오른쪽을 마사지 해준다. 이때 머리는 위로 향하게 하고 턱은 안쪽으로 당긴다.

　이번에는 목을 앞에서 뒤로 틀어주는 운동이다. 손바닥의 끝이 뒷목의 오목한 부분 가까이 오도록 하면서, 오른손을 앞 턱 아래에

놓는다. 그리고 손바닥과 엄지손가락은 목의 오른쪽 둘레에 곡선
을 그리면서 잡는다.

턱은 위를 향하게 하고 천천히 오른손을 오른쪽 방향으로 미끄러
지듯 움직인다. 가볍게 뒷목의 중앙으로 향하게 한다. 이때 손바닥
전체와 모든 손가락들은 목에 밀착되어 있다.

오른손으로 목 둘레를 움직이게 할 때에는 왼손을 턱 아래에 놓
는다. 이때 엄지손가락과 다른 손가락들은 오른쪽을 가리킨다. 그
리고 천천히 오른손의 길을 따라간다. 왼손으로 완전히 틀어주었
을 때 다시 오른손으로 시작한다.

쉽고 부드럽게 될 때까지 그 운동을 계속한다. 손의 위치를 바꾸
어서 똑같은 방법으로 왼쪽 목을 마사지 해준다.

오른쪽 귀가 오른쪽 어깨쪽으로 움직일 수 있도록 머리를 돌려준
다. 우선 손가락은 위로 향하게 한후, 왼쪽 목에 왼손을 얹는다. 그
리고 오른손으로 뒷목의 근저에서부터 오른쪽 귀 바로 뒷부분에
이르는 선을 따라 목의 왼쪽 위를 향하게 한다.

그런다음 두개골의 근저에서부터 뒷머리의 중앙에 이르는 선을
따라 손을 움직여준다. 당신은 지금 스테르노 유양돌기의 윤곽선
을 따라가고 있을 것이다. 손으로 매끄럽게 발전시키면서 꾸준히
쳐준다. 이 마사지를 2~3분 동안 계속 실시한다.

쳐주기를 할 때 숨을 서서히 그리고 코와 입을 통해서 고루 쉰
다. 호흡으로 하여금 손과 목의 윤곽이 부드러워지게 하도록 해준
다. 천천히 쳐주기를 끝낸다.

144

이제는 머리를 왼쪽 어깨쪽으로 돌려준다. 그리고 오른쪽 목에 마사지를 계속해서 실시한다.

쳐주기를 함에 있어서 목과 뒷목을 번갈아 가면서 마사지해준다. 아래의 그림과 같이 오른손으로 목의 아래를 둘러싼다.

엄지손가락과 나머지 손가락들로 목의 양쪽을 잡는다. 손으로 목을 팽팽하게 밀착시키고 왼손은 뒷목에 놓는다. 이때 손의 끝부분은 목의 왼쪽에 놓이며 손가락들은 오른쪽 목을 곡선으로 에워싸는 형태이다.

쳐주기를 할 때에 입을 약간 열고 오른손으로 목을 천천히 쳐주면서 마사지를 시작한다.

이 마사지를 하기 위해서는 손 전체를 사용한다. 목을 쳐주고 앞턱 아래를 쳐준다. 턱 아래를 쳐줄 때는 앞턱을 올려준다. 손으로 턱뼈의 가장자리까지 쳐준다. 이때 머리는 왼손으로 받쳐준다.

그 다음에는 오른손을 목의 아랫 부분에 다시 가져온다. 그리고 왼손으로 목 뒷부분을 쳐주기 시작한다. 이때 오른손은 안면으로부터 머리를 받쳐준다.

뒷목을 쳐주기 시작할 때 고개가 앞쪽으로 숙여질 것이다. 왼손으로 두개골의 근저를 계속해서 쓰다듬으며 목의 근저 역시 쓰다듬어 준다. 그리고 다시 오른손으로 앞목을 쳐주기 시작한다.

마사지는 아주 가볍고 부드럽고, 조용하게 하도록 한다. 그리고 몸 전체를 통하여 일어나는 감각을 자신이 스스로 느끼도록 한다. 최소한 세 번정도 완벽하게 쳐주도록 한다.

각 손가락들은 두개골의 근저를 따라 목 뒤 양옆에 손을 놓는다. 척추에서부터 목의 양쪽에 이르기까지 쳐주면서 그 근육들을 가로질러 천천히 움직인다. 나머지 손가락들과 마찬가지로 엄지손가락을 이용한다. 쳐주기를 할 때는 강하게 눌러준다.

양손을 측면으로 뻗은 후, 척추에서 목에 이르는 근육들을 처음보다는 약간 낮게 반복하여 움직여준다.

세 번째 반복에 이르기까지, 당신은 목 전체를 비스듬히 움직일 것이다. 2~3분 동안에 마사지를 계속한다. 이때 호흡은 코와 입을 통하여 부드럽고 서서히 한다. 그리고 느낌과 감각들을 확대시키면서 배와 눈 주위에 긴장을 푼다.

　그림과 같이 엄지손가락은 앞 턱 아래에 나머지 손가락을 목의 양쪽 근육 위에 놓는다. 그리고 엄지손가락을 제외한 나머지 손가락은 가능한 많이 목과 밀착시키도록 한다.

　입을 약간 벌리고 턱은 조금 들어준다. 아주 천천히 목을 쳐준다. 턱 아래에 있는 공간을 가능한 빨리 왼손으로 쳐주기를 시작한다.

첫 번째 쳐주는 동작이 끝나기 전에 바로 쳐줄 수 있도록 다른 손을 아주 가깝게 따라 붙이면서 한 손으로 목 앞쪽을 쳐준다.

호흡은 코와 입으로 서서히 하며 2~3분 동안 손을 교체하면서 계속 실시한다.

당신은 하루에 여러번 긴장을 느낄 때마다 목 마사지를 하고 싶을 것이다. 목의 통증이 어깨와 머리에 인접한 근육조직에서 발생하듯이 긴장은 항상 목에 머물러 있으며, 또한 자주 발생된다.

특히 긴장을 느낄 때는 목에 긴장을 가지고 있는가를 살핀다. 만약 시간적 여유가 없어도 2~3분간은 긴장을 풀어줄 수 있도록 노력해 보자.

천천히 당신의 목을 문질러주기 시작하라. 처음에는 아주 약하게 문지르다가 목에서부터 척추 아래의 모든 팔다리로 퍼지는 느낌을 진정시키며 가볍게 집중한다. 또한 따뜻하게 각성되어진 감각들을 머리로 퍼지도록 한다.

이러한 느낌들은 몸 전체를 가볍게 해줄 것이다. 그리고 정신적인 긴장들을 치료해줄 것이다. 그리하여 좀 더 명확한 사고를 할 수 있는 것이다.

육체적 정신적으로 긴장을 풀었을 때, 일도 더 잘할 수 있는 것이다. 문제점들은 스스로 해결되고 매일매일 훨씬 더 맑고 자유로워질 것이다.

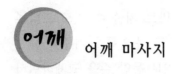

어깨 마사지

우리의 어깨는 표현할 수 없는 느낌들로 인해서 자주 긴장한다. 우리가 이 긴장들을 부드럽게 풀어주었을 때 가슴과 목 사이, 그리고 전신을 좀 더 매끄럽게 흐르는 느낌을 갖게된다.

목의 가까운 곳에 팔을 교차하여 손을 반대쪽 어깨에 얹는다. 이 상태로 양손을 유지하면서 가운데 손가락으로 어깨 근육에 원을 그리면서 마사지한다.(《그림 9》(p.196) 참조)

강하게 누르면서 손가락들은 아주 천천히 움직인다. 이때 눈을 감은 채로 머리를 아주 서서히 시계방향으로 돌린다. 그리고 호흡은 코와 입을 통하여 부드럽게 한다.

세 번 시계방향으로 돌리고 난 다음 반대방향으로 세 번 돌린다. 머리를 서서히 돌리는 것과 호흡은 코와 입으로 골고루 부드럽게 한다는 것을 기억한다. 돌리는 것이 끝나면 압력을 서서히 풀어준다. 그런 후 2~3분 동안 조용하게 앉아 있도록 한다.

한 손의 가운데 손가락과 집게손가락으로 반대편 어깨의 뒤를 눌러준다. 거기에는 어깨뼈가 칼처럼 나누어져 있다.(《그림 9》의 팔근처 어깨점을 말한다) 호흡은 코와 입으로 천천히 한다. 이때는 어깨를 처음 돌렸던 방향으로 돌려준다.

그 다음에는 다른 방향으로 돌려준다. 압력을 서서히 증가시켰

다가 서서히 감소시킨다. 다른쪽 어깨도 이와같이 마사지를 반복
해준다.

 마사지를 척추 쪽으로 옮기면서 위쪽 어깨뼈에서 아래쪽 어깨뼈
쪽으로 행한다. 어깨 마사지는 무슨 방법으로 하든지 그 효과는 당
신에게 최상일 것이다. 그런다음 죄는 것과 회전하는 움직임을 사
용하면서 어깨의 위쪽 뒤에 행한다.

 어깨와 등을 덮고 있는 강한 사다리꼴 근육은 많은 긴장과 고통
을 가지고 있다. 얽혀있는 근육의 결절(結節)부분과 부드러운 부분
이 좀 더 완화될 때까지 천천히 실시한다. 이 마사지를 하려면 최
소한 10분이 소요된다.

 만약 임신을 하였거나 목에 어떠한 상처가 있다면 이 마사지에서
머리 돌리기는 생략한다.

내면의 연금술 과정을 통하여 몸과 마음과 감각을 연결한다

 가슴 마사지

가슴을 마사지하면 호흡과 혈액순환을 발달시켜 준다. 그리고 심장이 열리는 느낌을 갖는데 도움을 준다. 특히 대부분의 여성이 이 부분에 긴장을 가지고 있다.

한 손가락 또는 두 손가락을 사용하여 목의 근저(아래부분)에서 어깨 바깥에 이르는 쇄골을 따라 천천히 눌러준다. 그 다음에는 가슴뼈에서부터 가슴옆으로 가능한 팔 아래로 이르는 가슴의 늑골 사이를 눌러준다. 이 길을 따라서는 민감한 많은 점들이 있다.

늑골속으로 호흡을 하며 명상하는 방법으로 행한다. 특히 〈그림 4〉(p.156)의 점1에서 점5까지의 점에 신경을 쓴다.

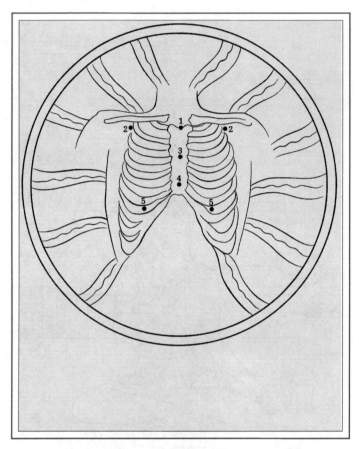

〈그림 4〉

※ 점1은 가슴뼈 바로 위에 있으며, 점4는 두 유두점의 중간점이고,
  점3은 점1과 점4의 중앙이다

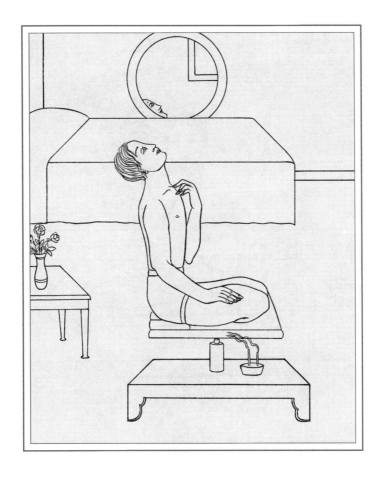

그림과 같이 가슴뼈의 바로 위 지점(〈그림 4〉의 점1)을 집게손가락이나 엄지손가락으로 눌러준다. 이때 척추는 아치형이며 목은 뒤로 젖힌다. 너무 긴장하지 않는다. 그 상태에서 압력을 계속 강하게 하면서 1분간 동작을 멈춘다. 그 다음에 아주 천천히 압력을 늦춘다. 이때 척추와 목은 똑바로 세운다.

　이 마사지는 가슴과 배를 위한 것이다. 왼손을 목의 아래에 놓는
다. 이때 엄지손가락과 나머지 손가락들도 역시 목의 양옆에 놓는
다. 그리고 오른손은 왼쪽 허리에 놓는다.

　양손이 몸과 완전히 밀착되어야 한다는 것을 명심한다. 동시에
아주 천천히 단단히 밀착하여 왼손은 가슴과 배를 지나 왼쪽 허리
위로 미끄러지듯 움직이며, 오른손은 배와 가슴을 지나 목의 아래

에 놓는다. 곧, 양손은 반대 방향에서 같은 길을 따라 움직이는 것이다.

그 다음에 같은 방법으로 동작을 멈추지 않고 오른손은 왼쪽 허리에 놓으며 왼손은 목의 아래에 놓는다. 꾸준히 속도있는 리듬을 발전시키면서 일어나는 어떠한 느낌이라도 관심을 기울이면서 이 마사지를 2~3분간 계속한다. 이러한 느낌들은 호흡과 결합한다. 호흡은 리드미칼한 특성으로 깊이 스며들어 결국 마사지를 초래한다.

부드러운 방법으로 끝마무리를 한다. 그 다음에는 오른손을 목의 아래에 놓고 왼손은 오른쪽 허리에 놓고서 오른쪽 몸에 2~3분 동안 마사지를 계속한다.

오른손을 왼쪽 어깨 위에 놓고 왼손은 오른쪽 어깨 위에 놓는다. 항상 손바닥은 가슴과 밀착한다. 동시에 두손을 서로 다른 방향을 향하여 아래로 움직인다. 그리고 다시 원래의 방향으로 밀어준다. 가슴전체의 표면에 서서히 그리고 율동적으로 앞뒤로 움직인다. 호흡을 코와 입으로 쉬면서 적어도 1분 동안 계속해서 실시한다.

가능한 양손을 신체의 양 겨드랑이 아래에 편편하게 놓는다. 이 때 손가락은 아래를 가리키도록 한다. 처음에는 약간 어려울 것이다. 강하게 눌러주면서 양손을 서서히 엉덩이 쪽으로 내려준다.

가능한 양손은 밀착시키며 코와 입으로 부드럽게 호흡한다. 이러한 호흡은 몇 분동안 계속 행한다.

복부 복부 마사지

복부에 긴장이 꽤 이완되었을 때는 조여짐으로부터 해방되는 것이다. 여기에 하는 마사지는 특히 남성들에게 중요하다. 왜냐하면 남자들의 긴장은 보통 이 부분에 있기 때문이다.

이 마사지는 저녁에 하는 것이 가장 좋다. 최소한 식사 후 1시간 정도 행한다. 옷을 입지 않은 채로 눈을 감고 등을 바닥에 대고 눕는다. 다리는 편안한 넓이로 벌린다. 그리고 무릎은 굽히고 발은 몸쪽으로 약간 당겨 주고 복부에 힘을 뺀다.

오른손은 아랫배에 왼손은 윗배에 놓는다. 양손과 복부를 가능한 완전히 밀착시킨다. 오른손은 복부의 오른쪽 위로 왼손은 왼쪽의 아래로 큰 원을 그리면서 천천히 마사지하기 시작한다. 왼손이 오른팔을 가로지를 때 손과 팔이 완전히 닿도록 한다.

처음에는 매우 약한 압력으로 마사지한다. 서서히 중간정도의 세기로 발전시키고 마침내는 강한 압력으로 마사지한다. 특히 오른손으로 왼쪽을 깊숙이 눌러준다.

그 다음에는 압력이 너무 약해서 손이 복부를 스치는지 전혀 모를 정도가 될 때까지 각 부위를 서서히 쓰다듬어주면서 압력을 풀어준다. 이 마사지는 최소한 5분이 걸린다. 이 동작은 대장의 만곡(彎曲)을 따라가는 것이다.

160

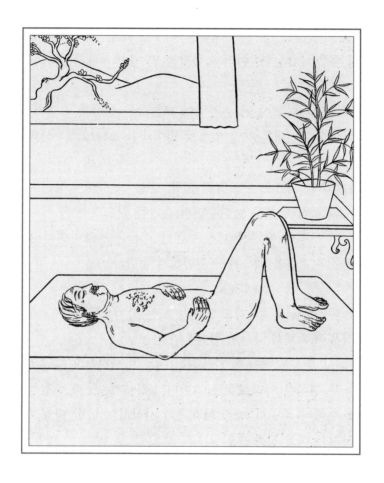

　서서히 한 손은 복부의 경계 위쪽으로 움직이고 다른 한 손은 복부의 경계 아래쪽 즉, 치골(恥骨)근처를 움직인다. 이때 양손의 끝은 서로 다른 방향을 향한다. 호흡은 잠깐 멈춘다. 그리고 너무 긴장되게 하지 않는다. 천천히 위쪽 손을 아래로 아래쪽 손을 위로 밀어준다.

이때 복부에 둥근 원을 그리면서 행한다. 상체, 특히 가슴과 목에 긴장이 풀어질 것이다. 호흡을 멈추는 것을 기억한다. 그리고 천천히 숨을 내뱉는다. 이러한 동작을 몇 번 반복해서 실시한다.

우측의 그림과 같이 왼 손가락이 오른쪽을 향하게 하면서 배 위로 얹어 놓는다. 배를 약간 밖으로 밀어낸다. 그리고 그 상태를 유지시킨다.

호흡은 코와 입으로 부드럽게 한다. 손을 그 자리에 놓은 상태로 배 깊숙이 특히 왼쪽을 눌러주면서 손가락 끝으로 원을 느리게 그리면서 그 느낌을 발전시킨다. 꾸준한 리듬을 창조하면서 2~3분 동안 리듬과 호흡을 계속해서 결합시켜 준다.

이제 자신에게 적절하다고 느끼는 모든 방법으로 복부의 얕은 근육 조직을 계속해서 마사지 한다.

복부의 오른쪽은 복부를 가로질러 위로 마사지하고 늑골의 왼쪽 아래 복부 왼쪽은 아래로 마사지한다. 모든 기관들과 조직들을 부드럽게 주물러 주면서 늑골 아래에서 시작하여 골반 아래로 행하며 마사지를 더욱 강하게 한다.

다시 왼쪽 아래에서 시작하여 오른쪽 위로 행한다. 긴장된 곳을 발견하였을 때는 그곳을 좀 더 마사지 해준다. 호흡은 안정되게 하고 그 호흡은 긴장의 끝을 부드럽게 해주고 녹여줄 것이다.

당신을 고요하게 해주고 양육하는 편안한 느낌들을 옮기면서 그 긴장의 중심을 호흡으로서 문질러 주도록 한다.

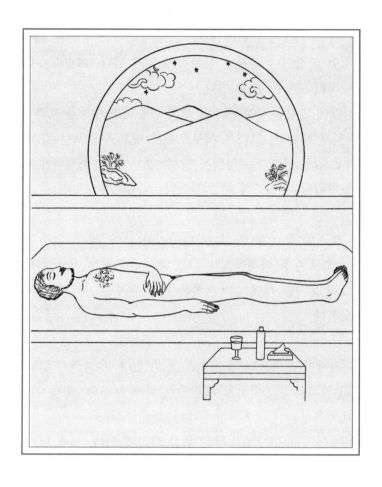

　호흡을 멈출 준비가 되었다고 느낄 때 첫 움직임의 반복은 양손
으로 동시에 원을 그리는 움직임 즉, 하나의 자연적인 결론을 창조
해낼 것이다. 그리고 나서 숨을 코와 입으로 부드럽게 쉬면서 몇
분동안 조용히 누워 있도록 한다.

만약 당신이 집에서 멀리 떠나 있으면 아마도 당신은 어려움을 주고 있는 긴장이나 감정적 상황속에 있게 된다. 이럴때, 복부 마사지는 특히 도움을 줄 수 있다.

전 신체에 영향을 주고 생각을 명확하게 하여 행동을 효과적으로 할 수 있게 해준다. 그것은 복부로부터 밖으로 흐르는 깊은 긴장 완화의 느낌을 생산하는 것임을 알 수 있게 한다. 불쾌하게 보이는 것도 즐거워질 수 있도록 해줄 것이다.

눕기 불편한 장소에서도 복부 마사지를 할 수 있다. 앉은 자세에서 한 손으로는 등 아래를 받쳐주고 다른 손으로는 배를 문지른다. 원을 그려 문지를 때에는 오른쪽은 위로 왼쪽은 아래로 한다는 것을 명심한다.

앉은 자세에서 다음의 마사지도 할 수 있다. 우측의 그림과 같이 한 손의 가운데 손가락으로 배꼽을 강하게 누른다.(그 곳에는 압점이 있다)

척추는 아치형으로 하고 목은 위를 향하게 한다. 이때 머리를 오랫동안 뒤로 향하게 하지 않는다. 다른 손은 무릎 위에 올려 놓는다.

호흡을 코와 입으로 부드럽게 하면서 1분동안 그 상태를 유지한다. 그 다음에 천천히 척추를 똑바로 세운다. 서서히 손가락의 압력을 약하게 해준다. 그 마사지에 의해서 발생된 느낌들을 찾아 경험해 본다.

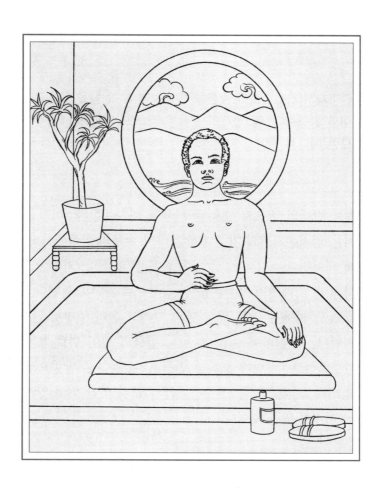

 팔 마사지

팔을 마사지하면 호흡과 순환을 발달시켜 우리 몸을 율동적이며 균형을 이루게 해준다. 몸 전체의 근육은 강하고 싱싱하다. 순수한 특성은 미묘한 에너지 속에서 자극된다.

팔뚝을 반대의 손으로 고리를 만들어 마사지한다. 이것을 하기 위해서는 엄지손가락과 가운데 손가락이 손목의 안쪽에서 만날 수 있도록 해야한다. 오른손으로 왼쪽 손목을 꽉 쥔다. 가능한 고리를 완전하게 만들 때까지 오른손을 한 방향으로 서서히 돌린다.

손을 돌릴 때에는 팔을 꽉 쥐면서 그리고 눌러 주면서 단단하게 마사지한다. 그 다음에 손을 손 하나 만큼의 넓이 위로 옮겨 팔을 잡는다. 그리고 두 번째 고리를 만들기 위해 다른 방향으로 돌린다. 네 번째 고리를 만들 때 손은 팔꿈치보다 약간 위에 있거나 팔꿈치 가까이에 있을 것이다.

팔뚝의 나머지 마사지는 〈그림 5〉(p.168)에 설명되어있는 지압점을 가리킨다. 이 점들을 마사지하면 다양한 느낌을 경험할 수 있다.

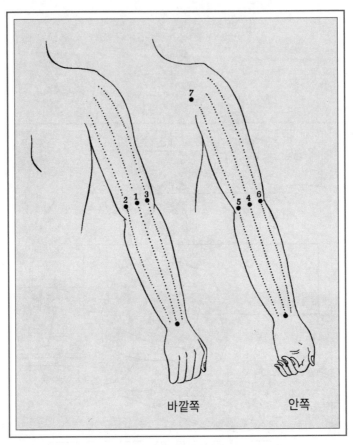

바깥쪽   안쪽

〈그림 5〉

　점1을 찾기 위해서는 왼손의 손등이 천장을 가리키도록 하여 오른쪽 팔꿈치에 있는 점1에 가져다댄다.

　그림과 같이 오른팔의 팔꿈치 점에서부터 위로 세 손가락 넓이를 잰다.(겨드랑이 방향) 오른쪽 집게손가락으로 점7을 강하게 누른다. 누를 때에는 목을 약간 곧게 세운다.

그런 후에 서서히 손바닥을 위로 향하게 하여 왼팔로 누르기를 계속한다. 당신이 무엇을 느끼는지 체험하는 시간을 가진다. 그런 다음 마치 직선을 그리고 있는 것처럼, 팔 뒤쪽의 길이를 손목쪽으로 내려준다. 팔을 아래로 천천히 문지르며 주물러 준다.

약간의 고통을 느끼거나 민감한 지점을 발견한다면 거기에서 마사지하는 시간을 더 보낸다. 결국 당신은 자신의 팔에 특별한 신경을 찾아낼 수 있을 것이다.

다시 점1을 찾는다. 점1에서부터 대충 왼쪽으로 두 손가락 넓이와 오른쪽으로 두 손가락 넓이를 잰다. 이것들이 다음의 두 점들(점2, 점3)이다. 점2는 팔의 안쪽을 향해 있고 점3은 팔의 바깥쪽을 향해 있다.

양쪽 지압점들은 팔의 뒷면 위쪽에도 연결되어 있다. 일단 이 점들을 중심으로 마음속으로 팔의 뒷면을 세로로 3등분한다. 팔꿈치에서부터 팔목 뒤(점1, 2, 3)로 이르는 각 점으로부터 각각의 선을 긋는다.

팔을 쭉 뻗고서 점2를 부드럽게 꾸준히 눌러주기 시작한다. 천천히 점차적으로 압력을 가한다. 그리고 마지막에는 강하게 눌러준다. 다만 압력을 늦출때는 아주 서서히 한다.

그 다음에는 '상상의 선'(《그림 5》에서 나타난 점선을 이하 '상상의 선'이라 칭한다) 아래 손목을 향하여 천천히 이동한다. 그런다음 점2를 향하여 다시 위로 이동한다. 똑같은 마사지를 연속해서 세 개의 점에 모두 행한다.

손목 아래로 따라 내려갈 수 있는 압점은 팔의 앞면에도 세 개가 있다.

점4를 찾는 방법은 손바닥을 위로 향하게 하여 팔을 곧게 뻗는다. 그리고 팔꿈치 안쪽의 주름진 곳이나 고리모양으로 된 곳의 가운데를 누른다.

한 손가락 혹은 두 손가락을 사용하여 아주 강하게 누른다. 그 압력을 줄이지 말고 손목 안쪽에 이르는 '상상의 선' 아래로 이동한다.

압력을 계속 가하면서 손목의 압점에 특별한 주의를 기울인다.(이 점은 〈그림 1〉(p.104)의 점1이다) 그 다음에 천천히 점4를 향해 다시 위로 올라간다.

점5는 점4에서 팔의 안쪽에 이르는 대략 두 손가락 넓이가 되는 곳이다. 그곳을 정확하게 찾지 못한다면 팔꿈치를 구부리고 팔의 안쪽에 팔꿈치 주름이 끝나는 곳에다 손가락 하나를 놓는다.

그 다음에는 그 팔을 곧게 뻗고 한 손가락 혹은 두 손가락으로 이 지점에 압력을 가한다. 이 압점에는 약간의 고통을 느낄 것이다. 그 근육을 깊숙이 누른다.

그 다음에는 '상상의 선'에서 아래로 손목까지 천천히 이동한다. 자신의 감정이 팽창되는 것을 느끼며 마사지가 완전히 끝날 때까지 호흡은 코와 입을 통하여 부드럽고 안정감 있게 한다. 다시 천천히 점5를 향하여 위로 올라간다.

점6은 점1에서부터 약 두 손가락 넓이가 되는 곳으로 팔의 바깥쪽을 향해서 있다. 이 점이 팔의 안쪽 세 점중에서 가장 민감한 점이다. 앞과 뒤 그리고 양쪽으로 문지르면서 천천히 눌러준다. 천천히 주므르기를 계속하면서 본래의 느낌에 관심을 기울인다.

점6을 문지를 때 당신의 심장 부분과 목과 그리고 장기능의 긴장이 풀어질 것이다. 천천히 '상상의 선'에서 아래로 손목까지 이동한다. 손목에 이르렀을 때 손목이 주름지도록 뒤로 젖힌다.

그곳은 뼈와 근접한 특별한 지점이다. 손가락으로 동시에 한번 눌러준다. 이때 팔은 거의 곧게 뻗는다. 특히 심장 부분의 느낌들을 의식하면서 그 다음에는 점6을 향하여 위로 올라가면서 마사지한다. 양쪽 팔 모두 마사지하는 것을 명심한다.

이제는 팔꿈치에서부터 어깨에 이르는 팔의 위쪽을 마사지한다. 팔 뒤쪽의 세 압점 각각으로부터 어깨의 윗 부분까지 마사지하고서 다시 팔꿈치로 내려온다. 팔 앞쪽의 세 압점에 대해서도 똑같은 방법으로 실시한다.

어깨 너머의 삼각근과 위쪽 팔 앞에 있는 이두근을 응어리진 곳이나 아픈 부분이 없을 때까지 부드럽게 마사지한다. 이 근육들은 남성들에게 있어서는 과도한 발육의 경향이 있다. 거기에는 한 근육으로부터 다음 근육으로 하나의 연속적인 흐름이 있게 된다. 그러나 각각의 근육은 따로 움직일 수 있어야 한다.

손을 무릎 위에 놓고 팔은 곧게 뻗어서 이두근을 다른 손으로 부드럽게 마사지한다. 팔을 곧게 뻗어주면 이두근의 길이와 자유로움을 증가시키는데 도움이 될 것이다. 양팔의 윗 부분(윗팔)을 완전히 마사지하는 것을 명심한다.

 등 마사지

　등을 마사지 해주면 행복한 사랑의 느낌으로 긴장을 느슨하게 풀어 주는데 도움을 주며 생명과 모든 감각들에 저항력을 길러준다.

　겨드랑이쪽 가슴에서부터 시작하여 등 가운데 쪽을 마사지한다. 이 부분에는 큰 근육들이 있다. 그러므로 충분한 시간을 이용하여 완전히 마사지한다.

　어깨 뼈 주위와 어깨뼈 윗 부분을 움직여 준다. 처음에는 등의 한 쪽을 움직여주고 그리고나서 다른 쪽을 움직여준다.

　어깨뼈의 아래 만곡진 곳의 바로 위에는 두 개의 압점이 있다.(〈그림 6〉의 점1) 동시에 또는 시간적 간격을 두고 이 점들을 가운데 손가락으로 눌러준다. 어떤 방법이 자신에게 최상으로 작용하는지 찾아본다. 압력을 서서히 증가시켰다가 서서히 감소시킨다.

　〈그림 6〉의 점2는 콩팥의 근처에 있는 근육들로서, 〈그림 4〉(p.156)의 점5와 정확히 반대편에 있는 것이다. 서서히 압력을 강하게 발전시키면서 이 등의 점들을 가운데 손가락으로 눌러준다.

　그 다음에 가운데 손가락 하나로 등의 점을 누르고, 다른 손으로는 상반되는 가슴의 점을 누른다. 양 점들을 누름으로써 자극되는 감정들에 깊이 몰입한다. 그 다음에 다른 쌍의 점들에게 행한다.

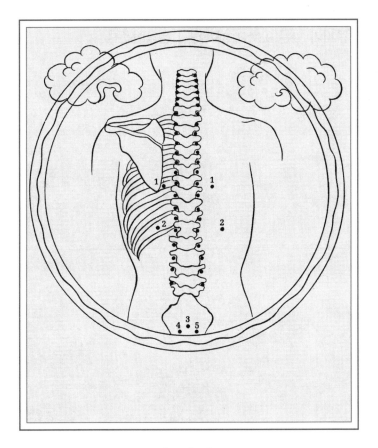

〈그림 6〉

엄지손가락으로 천골 위의 세 점들(〈그림 6〉의 점3, 4, 5)을 누른다. 서서히 압력을 세게 하였다가 서서히 약하게 한다. 가능한 곳은 어디든지 엄지손가락들을 사용한다.

그러나 엄지손가락이 닿지 못하는 곳은 가운데 손가락으로 척추골 사이의 그 점들을 강하게 눌러준다. 척추의 근저에서부터 두개골의 근저가 있는 곳까지 계속해서 움직여준다.

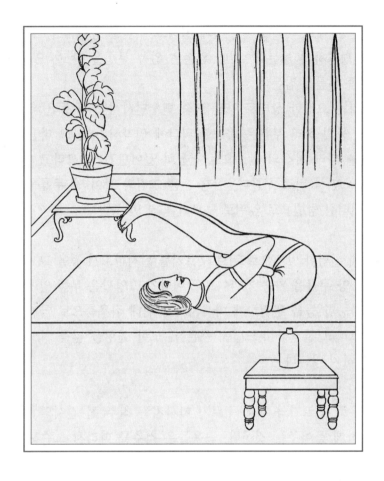

등을 대고 매트나 융단 위에 눕는다. 다리는 편안한 넓이 벌리고
무릎은 구부린다. 그리고 발은 마루 위에 편편하게 놓는다. 당신의
몸무게를 어깨쪽으로 옮기면서 골반을 위로 올린다.

양손으로 등 쪽에 가까운 옆구리를 마사지한다. 이 자세는 손이
닿을 수 없는 등의 윗 부분을 마사지 해주는 것이다.

앉은 자세로 다리를 편안하게 벌리고 무릎을 굽힌 다음 발을 마루에 평평하게 놓는다. 이때 왼손은 왼쪽 무릎을 잡고, 오른손은 오른쪽 무릎을 잡는다.

다리는 고정한 상태로 양팔을 쭉 뻗으면서 천천히 등을 대고 눕는다. 등의 허리 부분은 가능한 바닥에 밀착시킨다. 그 다음 발은 바닥을 따라 자신의 앞쪽으로 천천히 끌어당긴다. 그리고 다리를 쭉 뻗으면서 뒤로 구른다. 이때 손은 그림과 같이 양 무릎을 잡는다. 이러한 방법으로 앞뒤로 구르기를 몇 번 행한다.

위에 설명한 방법으로 뒤로 구르기를 실시하고서 등을 그 상태로 둔다. 양 무릎을 가슴 가까이로 끌어당기고 양팔은 무릎 옆에 놓는다. 가능한 등을 완전하게 마사지하기 위해 좌우측으로 약간 구른다. 그리고 천천히 부드럽게 구른다. 또한 균형을 잃을 정도로 강하게 하지 않는다.

좌우로 구르기와 뒤로 구르기 마사지는 척추 전 길이의 긴장을 완전하게 풀어주는 것이다. 근육들은 척추를 따라서 느슨하게 이완되고 풀어지는 것이다.

그리고 행복한 감정의 느낌들이 표출된다. 이러한 감정들로 인하여 우리 자신은 양성되고 길들여진다. 또한 마음속으로 그러한 느낌들에 닿도록 상상한다.

이 마사지를 행할 때, 가능한 우리 몸의 감각을 느끼지 못할 정도로 잔잔하게 움직인다. 우리 자신은 기쁜 느낌의 일부가 되었음을 자각한다.

우리의 감정은 신체의 한부분에 머물러있지 않는다. 또한 그것은 모든 부분에 분리되어 있다. 이 감정은 크고 가득해서 얼마든지 우리가 경험하지 못한 감각도 맛볼 수가 있다. 우리의 보편적인 감정의 경계선 일부가 마치 나 자신을 둘러싼 주변세계에서는 녹아버리는 것이다.

이제는 당신의 양손을 등의 가운데로 향해 움직여 주면서, 위장쪽을 바닥에 대고 누워서 신체의 옆면을 마사지한다. 이때 손가락 관절을 사용하면 좋은 느낌이 든다.

 엉덩이 마사지

엉덩이를 마사지하면 그 느낌을 통하여 운동 부족으로 막혔던 에너지들을 자극하는데 도움을 준다.

다리를 완전히 뻗고서 오른쪽으로 틀어 바닥에 눕는다. 왼쪽 다리는 오른쪽 다리 위에 올려놓는다. 허리에서부터 다리쪽을 향하여 왼쪽 엉덩이와 궁둥이(엉덩이의 아랫 부분)를 양손으로 마사지한다. 주먹으로도 마사지를 해본다.

한 팔을 베개처럼 머리 아래에 받친다. 그리고 다른 손은 가슴 가까이의 바닥에 평평하게 놓는다. 양다리를 쭉 뻗고서 왼쪽 다리를 오른쪽 다리 위에 놓는다. 천천히 양다리를 바닥으로부터 15cm가량 들어 올린다. 자신이 할 수 있는 한 장딴지를 허벅지에 가깝게 하여 눌러주면서 무릎을 구부린다.

잠깐동안 멈추었다가 무릎을 가슴 가까이 가져온다. 바닥에 맞대어 있는 오른쪽 엉덩이의 압력을 의식한다. 이제 천천히 양다리를 뻗어서 바닥으로 부드럽게 내려놓고 쉰다. 이 동작을 천천히 두 번 반복한다.

이러한 마사지에 의해서 생기는 느낌들을 관찰한다. 엉덩이에서 다리와 발에 이르는 에너지의 흐름을 감지하라.

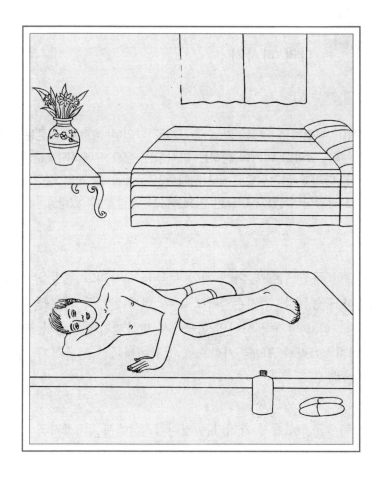

 그 다음에는 우리 몸의 상부로 흐르는 감각을 감지한다. 엉덩이
감각이외의 신체 나머지 부분의 감각들을 느껴본다. 엉덩이를 마
사지함으로써 우리는 치료와 함께 기운나는 생동감을 느끼게 될
것이다. 이러한 기운을 몸의 모든 부분에 연결한다.

 이제 방향을 바꾸어서 왼쪽으로 누운 후, 이 마사지의 두 부분을
오른쪽에도 반복 실시한다.

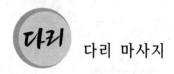 다리 마사지

운동이 부족하면 엉덩이와 마찬가지로 다리에 흐르는 느낌은 장애를 받는다. 그리고 여기에 행하는 마사지는 잠자는 에너지들을 깨우는 것이다. 다리를 정기적으로 마사지해주면 운동을 할 때의 감각의 흐름은 매끄러워질 수 있고 미묘한 방해물들을 경감할 수 있다.

매트나 쿠션 위에 앉아서 왼쪽 무릎을 구부리고 왼발을 바닥에 평평하게 놓는다. 엄지손가락으로 두 번째 발가락 사이를 문질러준다. 그리고 발가락 사이의 힘줄에서 발목까지 따라간다. 계속해서 엄지손가락과 집게손가락으로 정강이뼈에서 무릎까지 거슬러 올라간다.

〈그림 7〉(p.182)에서 가리키는 것처럼 점1에서 점6까지의 압점을 눌러준다. 긴장이나 통증이 발견되면 그곳에 모든 응어리가 풀어지고 느슨해질 때까지 문질러준다.
문지르는 동안에 호흡은 코와 입을 통하여 부드럽게 행한다. 오른쪽 다리에 대해서도 그 마사지를 반복 실시한다.

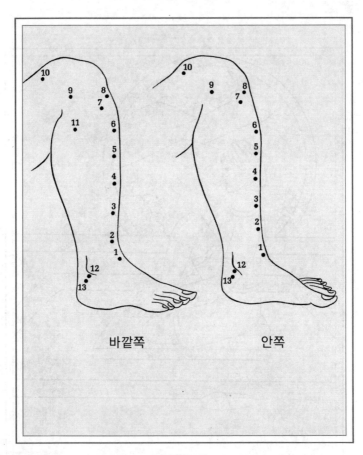

바깥쪽   안쪽

〈그림 7〉

   그림과 같이 양손으로 발목 바로 위를 거머쥐는데 이때 손은 위
아래로 놓는다. 그리고 엄지손가락들은 다리 뒤쪽을 잡는다.
   동시에 양손을 오른쪽으로 그 다음에는 왼쪽으로 돌리면서 눌러
준다. 정강이에서 슬개골까지 위로 움직이면서 행한다. 손을 틀어
줄 때 다리는 단단하게 유지한다. 그리고 손과 다리사이는 가능한
완전히 밀착되도록 한다.

무릎 둘레를 마사지한다. 슬개골의 오목하게 들어간 네 곳과 무릎의 옆과 뒤를 마사지한다. 엄지손가락을 사용하여 〈그림 7〉에 그려져 있는 무릎 주변의 점들(점7~점10)을 누른다.

만약 처음에 이 점들을 찾지 못해도 포기하지 않는다. 그 점들은 깊은 느낌을 가질 때 찾을 수 있을 것이다. 그러면 그 느낌들은 우리 자신을 감각의 에너지로 이끌어준다.

호흡은 코와 입을 통하여 고루 행한다. 지압점을 발견하면 지압의 정도를 느껴가며 압력을 서서히 늦추어 준다.

엄지손가락으로 다리 바깥쪽의 슬개골 위에서부터 아래로 15cm 가량 되는 점을 강하게 누른다.

허벅지 근육을 마사지하려면 한 손은 허벅지 뒤쪽에 다른 한 손은 허벅지 앞쪽에 놓는다. 누를 수 있는 만큼 강하게 눌러주면서 큰 곡선을 그리며 크게 좌우로 문질러준다.

문지를 때 당신의 손바닥 전체가 다리와 밀착되었는지를 정확히 파악한다. 양손을 한 방향으로 움직이다 반대 방향으로 움직인다. 그리고나서 반대로 손의 위치를 바꾸어 그 움직임을 계속한다.

손가락으로 무릎주변에 근육을 따라감으로써 어떤 응어리나 고통스러운 곳이 있는지 살핀다. 만약 긴장된 곳을 발견했다면 네 손가락으로 원을 그리면서 주물러 준다. 허벅지가 엉덩이와 무릎이 만나는 지점에 특별한 관심을 가지도록 한다.

이제 다리의 자세를 반대로 하여 오른쪽 다리에도 마사지를 반복 실시한다. 양다리를 앞쪽으로 쭉 뻗고서 앉는다. 그리고 손바닥은 가볍게 엉덩이 근처 바닥 위에 평평하게 놓는다.

　가능한 많이 다리의 긴장을 풀어준다. 이때 오른쪽 무릎을 굽힌다. 오른발을 왼쪽 다리 위의 사타구니 근처에 올려놓는다. 오른쪽 다리와 발을 사용하여 왼쪽 다리를 마사지하는 것이다.

　마치 공굴리듯 다리 전체를 위아래로 움직여 주면서 마사지 해주고 양 측면도 마사지한다. 이러한 마사지는 2~3분 동안 계속한다. 그 다음에는 다리의 자세를 바꾸어서 왼쪽 다리로 오른쪽 다리를 마사지한다.

발 발 마사지

손을 마사지 해줄 때와 마찬가지로 발을 마사지 해주는 것은 몸 전체를 생기있게 조절할 수 있다.

등을 똑바로 피고 담요나 방석에 앉아 왼쪽 다리를 오른쪽 다리 바깥쪽으로 느슨하게 엇걸어 놓는다. 왼쪽 무릎을 올리고서, 손가락을 깍지껴서 왼발의 둥근 부분(발바닥면의 엄지발가락 뿌리의 봉긋한 살 : 이하 〈발의 둥근 부분〉으로 표기함)을 받쳐준다.

가능한 많이 당신의 앞쪽으로 다리를 똑바로 뻗어주면서 발을 손으로부터 밀어낸다. 다리와 발의 오목한 부분이 스트레칭되는 것을 느낀다. 그리고 잠시 멈춘 상태로 있다가 서서히 다리를 내려 바닥에 놓는다. 오른쪽 다리와 발에도 반복해서 행한다.

왼쪽 다리의 정강이를 오른쪽 다리의 허벅지 위로 엇갈려 놓는다. 오른손으로 왼쪽 발의 뒤꿈치를 받치고 왼손으로 발가락을 꽉 쥔다. 처음에는 발가락을 한 방향으로 원모양을 그리면서 활기있게 회전시킨다. 그리고 다른 방향으로 회전시킨다.

발가락과 마찬가지로 발의 둥근 부분도 회전시키면서 원을 확대시켜 준다. 발의 윗 부분 전체를 회전시킬 수 있다. 리듬에 맞춰 천천히 그리고 빠르게 회전시켜 준다.

　왼손으로 모든 발가락을 꽉 쥔 상태에서 그것들을 앞뒤로 2~3
번 구부려 준다. 그리고나서 마찬가지로 발의 둥근 부분에도 그 동
작을 확대시킨다. 이 운동을 하는 동안 발은 매우 느슨해진다.

　이제는 양손으로 왼발의 발가락들을 마사지하기 시작한다. 발가
락의 윗부분에 압력을 가한다.

동시에 모든 발가락(발가락 밑의 앞과 뒤, 옆부분)도 마사지하는 것을 명심한다.

이 마사지는 회전시키는 동작과 마찬가지로 직접적인 압력이 가해질 것이다. 끝으로 발을 스트레칭해주기 위하여 발가락을 부드럽게 끌어당겨 준다.

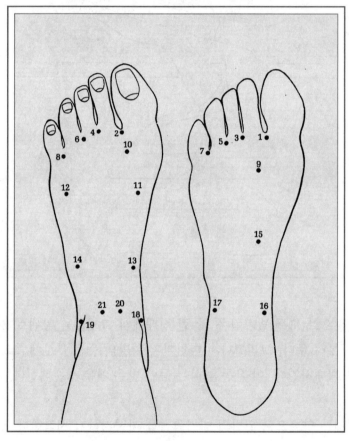

〈그림 8〉

발가락과 발바닥이 만나는 부분을 엄지손가락이나 손가락 관절을 이용하여 마사지한다. 〈그림 8〉에 나타난 발가락 뼈 사이에 있는 네 쌍의 점들(점1에서 점8까지)을 눌러준다.

　발을 옆으로 세워 발바닥은 엄지손가락으로, 발등은 가운데 손가락으로 마사지한다.

　발의 둥근 부분을 움직여준다. 양 엄지손가락을 사용하여 각각의 관절을 강도있게 마사지한다. 발의 둥근 부분과 발바닥의 연한 살 사이를 깊숙이 눌러준다. 아무런 해가 없으므로 안심하고 행하며 자신이 하고싶은 만큼 강하게 행한다.

　만약 민감한 부분을 발견하면 그 느낌에 잠시 집중한다. 그리하여 그 감각을 완전하게 하는 것이다. 어떠한 민감한 지점을 자극하게되면 예전에 기억된 느낌들은 곧 이완된다.

　엄지발가락 뒤의 불룩한 곳을 중간쯤의 세기로 눌러주다가 바로 발바닥에 있는 점9에 집중한다. 압력을 서서히 풀어주면서 엄지손가락으로는 점9를, 집게손가락은 발등 위에 있는 점10에 놓고 이 두점을 동시에 눌러준다.

　발의 둥근 부분에는 엄지손가락을, 발등에는 다른 손가락들을 이용하여 누른다. 그런다음 엄지손가락을 발등으로 옮겨서 점 11, 12, 13, 14를 포함하여 발등의 모든 부분들을 돌아가면서 계속해서 누른다.

이제는 발바닥을 마사지한다. 손가락 관절과 오른손의 아귀를 사용하여 발바닥 전체에 압력을 가한다. 발바닥의 중간에 있는 유일한 점15에도 행한다.

발 안쪽의 뒤꿈치 바로 앞에서부터 시작하여 발바닥 길이를 대각선으로 엄지손가락을 이용하여 쳐준다. 계속적으로 광범위한 리듬을 만들어 내면서 엄지손가락을 교체한다. 이 부분을 마사지하는 동안에 손과 발의 밀착은 그다지 중요하지가 않다.

그 다음에는 반대로 뒤꿈치 근처에서부터 엄지발가락의 둥근 부분까지 대각선으로 쳐준다. 아마 당신은 다른 종류의 느낌을 받을 것이다. 그것들 중 몇몇은 약간 고통스러울 것이다.

그 고통속으로 숨을 내쉰다. 그리고 숨을 내쉴 때에는 감각들에 깊이 몰입한다. 배의 긴장이 완전히 풀리는 것을 느끼면서 아주 천천히 쳐준다. 이때 호흡과 쳐주는 감각이 하나가 되도록 한다.

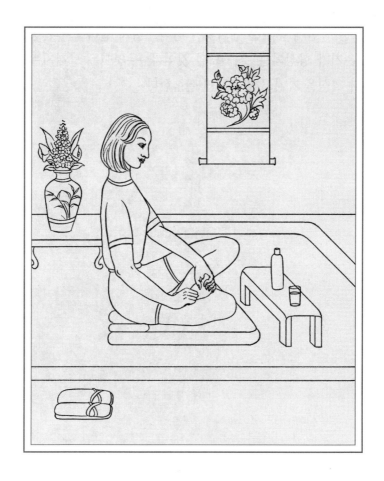

　위의 그림과 같이 왼손을 사용하여 발가락을 아치형으로, 발뒤꿈치는 앞쪽을 향한다. 이와같이 행하면 발바닥의 중간에는 하나의 계곡모양이 형성된다.

　손가락 관절과 오른손 아귀를 이용하여 이 계곡 모양을 따라 모든 점을 강하게 눌러준다.(〈그림 8〉 참조) 이때, 근육의 건(腱)이 아마 매우 조여지며 아플 것이다.

누르는 동안에 우리는 에너지가 갑작스럽게 밀려오거나 심장 주
위에 온기가 형성되는 것을 느낄 것이다. 무엇이든 느껴지는 것으
로부터 의식을 가지고 민감하게 실행한다.

　위의 그림처럼 발바닥의 둥근 부분은 왼손으로, 다른쪽은 오른
손으로 꽉 쥔다. 마치 발바닥을 볼록하게 만드는 것처럼 밖으로 끌
어당겨 준다. 당길 때 손과 발을 최대한 밀착한다.

　그 다음에는 반대로 발바닥을 오목하게 만들듯이 발 양쪽을 앞쪽
으로 당겨준다. 그리고 발뒤꿈치를 움직여준다. 〈그림 8〉의 점16
과 점17을 강하게 눌러준다.

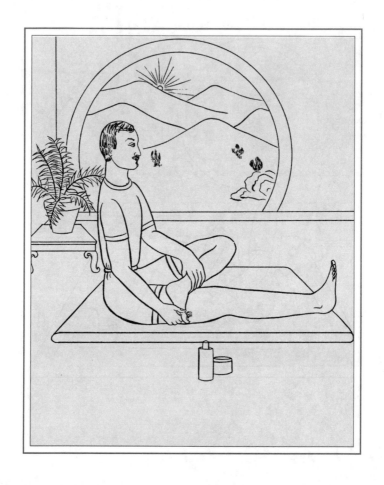

　위의 그림과 같이 오른손으로는 왼발의 발가락을 쥐고 왼손은 왼쪽다리의 발목 바로 위에 올려놓는다. 발의 긴장을 풀어주면서 천천히 발목을 한 방향으로 그 다음에는 다른 방향으로 원을 그리면서 돌려준다. 발은 완전히 긴장이 풀리게 된다.

　만약에 꽉 조이는 곳이 있으면 호흡을 부드럽게 하면서 천천히 움직여 그 느낌을 관찰한다. 몸 전체의 긴장이 풀어지도록 한다.

발이 부드러워지고 안정감 있게될 때까지 돌려주기를 몇 분간 계속한다. 발목 상부와 발목 주변의 모든 점들에 압력을 가한다. 〈그림 7〉(p.182)의 점 12, 13과 〈그림 8〉의 점18에서 점21까지의 점들을 모두 포함해서 행한다.

이때 발은 발등을 마사지하기 쉬운 편안한 자세이다. 발목까지 발가락들 사이와 건(힘줄) 사이를 주물러준다. 발의 측면도 마사지해준다.

이번에는 좀 더 천천히 발 마사지를 반복한다. 압력이 느낌 속에서 어떠한 변화를 일으키면, 계속 압력을 가하고 가능한 많이 팽창시켜 주면서 그 느낌 속으로 들어가도록 노력한다. 만약에 그 마사지가 통증을 수반한다면 바로 서서히 마사지한다.

이제 간단한 테스트를 해보자. 당신의 몸무게를 각 발에 싣고서 일어선다. 두발이 바닥과 어떤 연관이 있는가? 한 발은 가볍게 다른 발은 무겁게 느껴지는가? 에너지가 느껴지는가? 한 발에는 생동감의 질이, 반대로 다른 발에는 둔함이 느껴지는가?

이제 오른발에 마사지를 반복한다.

〈그림 9〉는 이 장에서 언급했던 압점들 모두를 보여준다. 모든 쿰니 운동과 마사지에서의 이 지압점들은 당신의 신체와 정신과 감각들의 풍성한 내적 보물들을 탐험하도록 당신을 안내해 주는 한 장의 지도이다.

이러한 지압점들과 그것들 위에 압력이 생산하는 특별한 느낌과 친숙해지면 좀 더 구체화되는 자연스러움을 이해하게 된다. 당신은 이러한 탐험을 함으로써 그 외의 압점들(내부의 점들까지도)을 발견할 수 있을 것이다.

계속 실행해 나가다 보면 다른 것들도 이끌어갈 지도들을 개발하면서 신체와 정신의 체험들을 도표로 만들 수 있을 것이다.

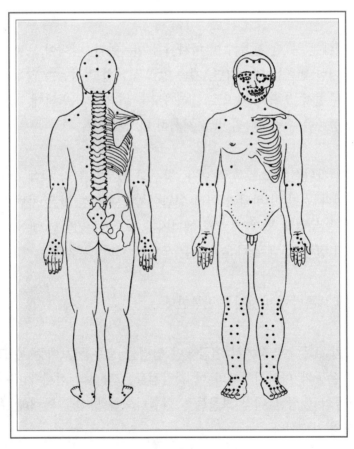

〈그림 9〉

6

실천요강

실기그룹 1
실기그룹 2

실천요강
Guding Practice

> *"우리가 만일 내면의 이완을 맛보았다면*
> *우리의 몸을 올바르게 이끌어 줄 것이다."*

동작의 실기는 순수하며 일상생활에서 우리 자신을 진정으로 올바르게 유지하게 하며 에너지를 재활성화 시켜준다. 우리를 부정적이고 불만족스럽고 혼란된 것으로부터 자유롭게 해준다. 또한 우리 자신을 환상적인 감각대신 직접적으로 만족을 시켜준다.

티벳요가. 쿰니 체조는 정신과 정서와 육체적으로 우리 자신을 풍요롭게 해주고 긍정적인 치료의 과정으로 이끌어준다. 이 실기는 모든 몸과 마음이 전체적으로 연결되도록 구성되었으며 여러면들을 통일시킨다.

몸의 감각적인 자각과 정신적인 자각을 자극시켜 생리적인 구조와 감성적인 시스템의 섬세한 에너지를 활성화한다. 각 동작마다 육체적·심리적인 긴장으로 둔해진 감각을 육체와 정신의 조화로 이끌어주어 자극적인 느낌을 준다.

우리의 감각은 더욱 매력적이고 몸의 수준이 진정으로 연결되어 감각과 생각이 팽창될 수가 있다. 또한, 호흡과 자각은 서로 연결되어 그 느낌은 활력있는 에너지로 전환하여 치료를 할 수가 있다.

우리는 첫째로 모든 느낌의 근원에는 닿을 수가 없다. 그러나 그 느낌이 풍부해질 때 빠른 성장이 있게된다.

만약 부정적인 느낌, 예를 들어 공포심, 분개함이 생길 때 우리의 긍정적인 감각과 기억은 결합될 수가 있다.

마치 차에 우유가 섞이듯이 말이다. 그리하여 좀 더 독특하고 맛있는 맛을 내고, 긍정적이든 부정적이든 모두 평등하게 된다. 느낌의 흐름이 자극되면 몸과 마음의 모든 양상이 밀접하게 연결된다.

각 실천은 몸의 호흡과 감각, 심리적 상태가 조화롭게 연결되어 변화과정을 탐구할 수가 있다. 마음과 호흡은 감각을 도와주고 감각은 몸과 호흡과 마음을 도와주며 몸은 마음과 하나가 된다.

우리의 정신과 육체의 에너지는 우리를 활기차게 해주며 명확하고 분명한 확신을 갖게 한다.

우리의 대화는 더욱 살아있으며 명랑하고 근심없이 살며 즐거움의 폭은 언제나 증가된다. 우리는 자연적 실재의 아름다움을 체험하고 일상적으로 닿을 수 없는 경험을 체득하게 된다.

빛에 대한 우리의 집중은 더욱 팽창된 지각으로 열어주어 마치 떠있는 체험을 하게 된다. 내면의 우주는 바깥의 우주와 분리되어 있지 않는 하나이다. 우리는 공간과도 분리되어 있지 않으며 모든 공간은 열려 있어 모두를 초대하는 것이다.

균형된 체험을 계속 발전시켜 주므로써 우리는 의지적으로 모든 국면의 삶을 개발되도록 하며 모든 행동을 전체적으로 취하게 하며 일상적인 삶을 밝게 빛나도록 한다.

　몸과 마음과 감각의 움직임의 상호관계는 살아있다. 마치 화신(化身)처럼 모든 행위의 섬세한 상호관계들은 언어와 동작 가운데에서도 실천할 수가 있다.

　이 장의 쿰니 〈실천요강〉의 가장 이상적인 방법은 하루에 두 번씩 행하며 아침에는 움직이는 동작과 호흡을 행하고 저녁에는 마사지를 행한다. 실천요강의 **〈그룹 2〉**는 처음 두 달동안에는 아침에만 실천하도록 한다. (이 책의 하권〈움직이는 동작들〉에서는 더욱 많은 동작들을 포함하고 있다) 그리고 하루에 한 번씩 이 즐거움의 과정이 계속되도록 한다. 이로써 우리는 분명한 발전과 확신을 갖게된다.

　우리는 내면의 따뜻한 감각을 깊이 느끼고 신선하고 풍요로운 느낌을 얻게된다. 이러한 달콤한 특성을 발전시켜 신선함을 계속 유지시키고 우리 주위를 풍성하게 가꾸어 주며 충족시켜 준다.

　우리는 이러한 즐거운 특성을 더욱더 팽창시킬 수 있으며 마사지를 동작에 맞게 선택하여 실천한다.

　각 그룹마다 열 가지의 동작이 있다. (〈그룹 1〉은 하권의 1장의 어려운 동작과 연결되어 있으며 〈그룹 2〉의 동작은 하권의 2장과 연결되어 있다) 각 그룹의 실천은 세 달씩 행한다.

〈그룹 1〉을 발전시키기 위하여 열 가지 동작중 2~3가지 동작을 선택해 15분 정도 매일 실천한다. 그리고 몇 주후에 1~2동작을 더 추가하여 매일 실천한다.

〈그룹 1〉의 발전된 동작을 2~3달 이상 실천한 후 〈그룹 2〉의 동작을 추가시켜 새로운 전반적인 그룹으로 바꾸어 나간다. 내면의 이완법을 맛보게 되면 우리는 몸을 더욱더 진실하게 이끌 것이다.

우리의 몸은 동작을 실천하도록 이끌어 준다. 만약 실행하지 않는 동작이 있다면 조심스럽고 부드럽게 시도해본다. 움직임의 특성이 대단히 중요하다는 것을 기억하자. 만약 임산부의 경우라면 호흡수행을 행하고 동작 18, 22, 24, 30번을 부드러운 움직임으로 행하면 좋다.

그리고, 만약 목을 다쳤다면 동작 17번은 추천하지 않는다. 또한 등을 다쳤다면 척추 앞뒤를 굽히는 동작은 하지 않는 것이 좋다. 어떠한 동작이든 자신이 결정하며 그 느낌은 부드럽고 확실하게 깨어있어야 한다. 만일 3~4개월 이내에 수술경험이 있다면 더욱더 부드러운 동작을 취한다.

동작을 실천할 때는 아주 부드럽고 유연하게 움직인다. 이것은 느낌이나 몸의 동작 과정의 변화를 더욱 각성시키고자 함에 있다. 언제나 깨어있는 자각의 상태에서 움직이며 단순히 기계적이나 공허한 마음이 아닌 실천적인 특성을 개발시켜 준다. 호흡은 코와 입으로 부드럽게 하고 에너지는 항구적으로 균형잡혀 있으며 감각은 균형안에서 자극된다.

우리의 감각과 호흡, 느낌과 각성된 자각을 자신의 몸과 함께 움직이도록 한다. 외부로 향해 있는 시선을 내면을 향한 감각의 눈으로 전환시킨다. 그러한 느낌으로 점차 감각이 각성되도록 한다.

아주 진지한 엄격함으로 자신의 실천 수행의 특성을 개발시켜 내면의 자각과 밝음의 조화로움으로 이끌어준다.

내면의 느낌으로 깊이 들어가면 이완의 느낌은 계속해서 팽창되고 민감함이 증가되면서 즐거움의 용량이 확장되어 우리의 삶에 안정을 가져다 준다.

몸은 감각에 의해 풍요로워지며 정서적으로 안정되어 더욱 건강해지고 또한 내면의 감각을 개발시켜 그 특성을 더욱 북돋아준다.

실기그룹 1

이 실기를 시작하기 전에 제2장 '준비과정'을 다시 한번 읽어두는 것이 도움이 될 것이며 당신은 앞으로 두 달동안 다양한 시간을 활용하게 된다.

이 실기들의 묶음을 통하여 당신은 스스로 행하게 될 것이다. 이제 선택이 시작되었으면 바로 실기를 실천하도록 노력한다.

아마도 우리는 다양한 실기를 행하려고 노력할 것이다. 그러나 처음에는 2~3가지 특별한 자세만을 취하고 몇 주가 지나 어느정도 발전된 다음에 어려운 동작을 행하도록 한다. 기억할 것은 서두르지 않는 것이며 자신의 감각이 열릴 때까지 몸과 마음을 치유하고 느낌이 깨어날 때까지 자세를 취한다.

45분이란 시간은 실기를 행하기 위한 가장 알맞은 시간이다. 그러나 20분 정도의 실천으로도 효과가 있다. 각 동작의 처음 시작을 15~20분 정도 소요한다.

세 번 실천을 하며 각 반복 때마다 2~3분 정도 시간을 더 늘려가며 반복한 다음 5~10분 정도 조용하게 앉아 있는다.

그런 후에 실천을 더 원하면 좀 더 오래 행해도 좋으며 만약 정서적으로 강한 느낌이 있으면 실천하기 전에 조용하고 편안하게 앉아서 몸과 마음을 이완시켜 준다. 만약 느낌이 좋지 않으면 많이 실천하려고 하지 않는다.

이러한 자세들은 특히 당신의 상체 부위인 어깨, 목, 머리, 척추 등에 긴장을 풀어주는 것이다. 동작 19, 20, 21번의 늘어뜨리기 자세는 아침에 실천한다. 이것은 근육에 긴장을 주고 무거운 느낌이 들게하며 마음에 영향을 주기 때문에 갑자기 스트레칭(근육 늘리기) 하지 않는다.

쉽고 천천히 근육을 늘리며 호흡은 고르게 코와 입으로 행하며 밝고 가벼운 특성으로 발전시킨다. 느낌과 에너지는 몸을 통해 공급되어 가슴의 느낌이 확장될 것이다.

이러한 단순한 실천은 자연스러운 방법이며 우리 내면의 자력으로 무한한 풍요로움을 개발시켜 준다. 우리가 동작을 실천하는 동안에는 어떠한 특별한 일이 일어나지 않으며 일상 생활의 삶은 점차적으로 변화될 것이다.

모든 경험들은 더욱 분명하고 생동감 있으며 감각의 모든 활동 즉, 냄새를 맡고, 보고, 듣고, 맛보는 것은 더욱더 실재적이며 활기차다. 곧 삶을 특별한 특성으로 발전시킨다.

긴장을 풀어준다

　방석이나 매트 위에서 가부좌로 앉아 손을 무릎 위에 얹고 팔은
직선으로 뻗는다. 코와 입으로 호흡을 쉽게 하며 아주 천천히 오른
쪽 어깨를 가능한 많이 앞으로 가게 한다. 그러면서 오른쪽 팔은

직선으로 하되 왼쪽 팔꿈치는 구부린다. 이 동작은 15초정도 실시한다.

그 다음은 왼쪽 어깨가 앞으로 가고 오른쪽 어깨가 뒤로 가게 한다. 이때도 마찬가지로 왼쪽 팔을 직선으로 하고 오른쪽 팔꿈치는 구부린다.

얼굴은 반드시 앞을 바라보며 어깨는 머리로부터 독립적으로 움직인다. 대개 머리와 어깨를 함께 움직이는 습관 때문에 처음에는 익숙하지 않을 수도 있다.

아주 천천히 움직이며 몸을 느낌의 감각으로 일깨운다. 등의 근육을 늘여주며 움직임의 끝부분인 목 부위를 풀어준다. 당신은 그곳에서 따뜻한 열기와 감각을 느낄 것이다.

완전한 움직임으로 한 쪽부터 시작하여 다른 쪽을 행하는데 3~9번 정도를 반복한다. 5~10분 정도 편안하게 앉아서 자신의 모든 움직임에 의해서 감각이 깨어나는 것을 느끼고 그것을 넘어서 우주로 팽창되어 퍼져나가는 것을 느낀다.

이 실기는 등의 상부를 이완시키며 특히 어깨 근육을 풀어주며 엉덩이를 이완시킨다.

동작16 느낌을 닿게 한다

담요나 방석 위에 가부좌로 앉아 손은 무릎 위에 얹고 배를 이완시킨다. 숨을 들이쉬면서 천천히 어깨를 가능한 높이 치켜올리고 손은 무릎 위에 고정시킨다. 높이 올린 어깨를 잠시 멈추었다가 조금 더 높이 올리려고 한다. 목은 어깨 사이에 고정시킨다.

이번에는 호흡을 작고 부드럽게 하면서 목 뒤쪽을 의식한다. 마치 순수하고 행복한 아기같이……

그 다음 천천히 호흡을 내쉬고 아주 천천히 움직여 어깨를 뒤와 밑으로 돌린다음 목과 척추 뒷부분의 감각을 느낀다. 그리고 배의 긴장을 풀어주며 손과 팔을 이완시킨다. 당신은 그곳에서 부드러움과 훈훈한 감각을 느낄 것이다.

천천히 어깨를 돌리면서 계속한다. 〈앞-위-뒤-아래〉로 3~9번 정도 행한다. 적어도 1분 동안 한번 정도 돌려준다. 이 동작이 끝날 때쯤 5~10분 정도 앉아서 자신의 감각과 느낌을 팽창시킨다.

이 자세는 서서도 행할 수가 있으며 팔과 몸을 연결하는 어깨와 어깨 인대를 움직이면서 이완시켜 준다.

동작17 생각을 가볍게 한다

　만일 임산부나 목이 어떤 식으로든 많이 상했다면 이 실천으로
큰 도움을 받을 수가 없다.

자신의 목을 천천히 당겨 코와 입으로 호흡을 아주 고르고 천천히 한다. 호흡은 아주 중요하며 만약 호흡이 빠르거나 고르지 못하면 이 실기에서 매스껍거나 방향 감각이 혼미해지는 결과를 자아낸다.

담요나 방석 위에 가부좌로 앉아 손을 무릎에 댄다. 입을 살짝 열고 호흡을 부드럽게 행하며 아주 천천히 턱을 가슴으로 당긴다. 그 다음 턱을 천천히 들어 천장 위로 향하며 들어 올렸다 내렸다를 서서히 몇 번 반복한다.

이번에는 아주 천천히 머리와 오른쪽 귀를 오른쪽 어깨 방향으로 움직이고 왼쪽 귀를 왼쪽 어깨 방향으로 움직인다. 여러번 반복동작을 행한다.

눈을 부드럽게 감고 마치 꼭대기에 둥근 원을 그리듯이 천천히 머리를 시계방향으로 돌린다. 그리고 어깨도 이완한다. 이때 머리는 움직이지 않는다. 목의 근육을 풀고 이완하되 심하게 행하지는 않는다.

천천히 원을 그리며 목을 자연스럽게 돌려준다. 귀가 어깨에 가까이 가도록 하며 턱은 가슴 가까이 가도록 한다.

만일 목을 돌리다가 아프거나 당기는 부위가 있으면 아주 천천히 근육이 풀리도록 행한다. 또한 생각을 팽팽한 근육과 연결시켜 천천히 마음과 호흡과 감각을 그 움직임에 연결시킨다.

그리고 거의 감지할 수가 없도록 자연스럽게 행한다. 자신의 몸 전체를 손가락 끝이나 발끝까지 자각한다.

움직이는 동안 자신의 두개골과 척추의 연결부분에 부드럽게 집중한다. 그곳에서 어떤 특수한 감각의 근원적인 에너지를 느낄 것이다. 이러한 깊은 느낌을 가능한 넓게 팽창시켜 나간다.

이 느낌은 척추를 따라서 몸 전체로 공급된다. 팽창된 느낌을 확장하여 몸 전체로 퍼져나가게 한다음 계속해서 몸 바깥으로 퍼져나가게 한다.

시계방향으로 3~9번을 돌린다. 이 움직임은 코와 입을 통하여 고르게 호흡한다는 것을 기억해야 한다.

마지막 돌려주는 동작은 머리를 천천히 움직임이 멈출 때까지 더욱더 천천히 움직이다가 10분 정도 조용하게 정좌로 앉아 자신의 느낌과 에너지를 계속해서 확장해 나간다.

이 동작은 목과 머리와 어깨의 긴장을 풀어주며 생각과 이미지의 혼합된 특성들을 밝고 빛나게 해준다.

손의 마술적 효과

　가부좌로 앉아 손을 무릎 위에 놓고 천천히 팔을 가슴높이까지
올리고 팔꿈치는 굽혀 손바닥을 위로 한다.

팔꿈치를 이완시키고 몸에서부터 약간 떨어지게 움직인다. 호흡은 부드럽고 고르게 코와 입을 통하여 내쉬며 손은 아주 천천히 조금 올렸다 내렸다 하며 움직인다.

부드럽고 천천히 조심스럽게 움직이며 손바닥에서 서서히 열이 나고 뜨거워지는 것을 느낀다. 눈은 반쯤 뜨고 주변의 시야를 보도록 움직인다. 당신의 어깨를 이완하고 손을 조금 더 천천히 움직여 어떤 움직임도 볼 수 없을 정도로 움직인다.

손바닥에서, 목 뒤에서, 척추 뒷 부분에서, 당신의 가슴에서 열기를 느낄 수 있겠는가?

만일 열기를 느끼지 않는다면 당신의 움직임이 너무 빨랐다. 당신의 손목을 돌려 손을 아래로 하고 팔을 이완한다. 마치 공간(空間)이 섬유로 만져지듯이 아주 가볍게 움직인다.

움직임을 아주 부드럽고 우아하게 한다. 비록 동작이 느리더라도 마치 맥이 뛰듯이 꿀벌이 부드럽게 떨면서 날 듯이 거의 감지할 수가 없을 정도로 움직인다.

당신의 손에서 열이 나는 것을 느끼는가? 손가락이 '올라갔다 내려갔다' 하는 것을 느끼는가? 아마 약간 아프거나 따끔따끔한 그런 느낌도 느끼는가?

손바닥이나 손가락에 어떤 느낌을 느낄 때 손을 앞으로 내어 천천히 손바닥을 위로 돌려 마치 공기를 지지하듯이 느끼며 천천히 팔꿈치를 옆으로 돌리고 바짝 붙여서 가슴을 약간 압박한다.

손바닥을 위로한 채 그대로 유지한 다음 천천히 손을 열기와 에너지 감각의 느낌과 함께 움직여 천천히 만났다가 다시 가능한 많이 옆으로 분리된다.

계속해서 에너지를 느낄 수 있는가?

팔꿈치는 옆으로 하여 강하게 옆구리와 가슴을 압박한다. 3~9번 계속해서 반복한다.

손바닥을 위로하고 팔꿈치는 옆구리를 압박하며 손은 아주 짧고 빠르고 강한 움직임에서 느리게 움직인다.
배를 이완시키고 어깨에서 손까지 강한 힘이 연결되도록 한다. 몸은 똑바로 하고 힘을 주며 손은 가능한 빨리 움켜잡아 악수하는 식으로 풀어준다. 30초에서 1분 정도 계속한다.
점차적으로 손의 움직임을 느리게 하여 무릎에서 멈추게 된다. 손바닥은 뒤집어 위로하고 머리는 가볍게 앞으로 구부린다. 그리고 어깨를 이완시킨다.
손은 마치 에너지 흐름으로 멈추게 하며 5~10분 정도를 앉아 몸의 감각을 팽창시킨다. 이 동작을 1~2주 정도 이상 실천한 다음 실천을 계속한다.

가부좌로 앉아 손을 무릎 위에 놓는다. 호흡은 부드럽게 코와 입으로 행하며 팔을 천천히 가슴 수준까지 올려 손을 조화롭게 원하는대로 손바닥에서 에너지를 느낄 때까지 계속 움직인다. 천천히 위 아래로 옆에서 더 옆으로 움직여 나가려고 노력한다.

당신은 따뜻함이나 차가움의 감각을 느낄 것이다. 에너지는 다른 방법으로도 느낄것이며 아마 손은 마치 아주 무거운 짐을 든것과 같거나 거대한 힘으로 미는 것과 같다.

당신은 느낌의 종류에서 에너지 형태로서 느끼며 에너지 형태의 내면을 느낄 수가 있다.

지금 천천히 에너지의 활동을 시작한다. 비틀고 당기고 서로 밀고 흩트리고 견고한 형태를 만들어 어떤 식으로든 움직일 수 있도록 한다. 당신이 움직이는 동안 마음은 느낌과 합일되어 있으며 에너지 감각과 별로 다르지 않다.

지금 당신의 손을 천천히 움직여 머리 꼭대기와 목과 가슴, 배꼽 아래부위로 가져간다. 손을 천천히 움직여 이러한 에너지 영역의 다른 특성들을 느낀다. 그 다음 손을 무릎쪽으로 가져가 멈춘다. 몇 분동안 편안히 앉아 손의 마술적인 에너지의 느낌을 느낀다.

이 실기를 매일 20분 몇 주동안 행하는데 에너지의 다른 여러 느낌들에 친숙해진다.

당신의 손에 에너지를 느끼는 것을 계속해서 지워나간다. 에너지의 열기를 아주 빠르게 지워버린다. 호흡은 코와 입으로 하며 에너지를 통과하여 빠르게 지워나간다.

눈을 손으로 가리고 눈에 에너지를 느낀다. 편안히 앉아 3~5분
정도 앉아서 손으로 눈을 가린다음 내면 에너지의 움직임을 느낀
다. 당신은 몸의 많은 부위에 감각을 느낄 것이다.

호흡은 감각과 함께 흡수된다. 당신의 손이 이완될 때 아주 천천
히 눈을 뜨고 부드럽게 주위를 살펴본다.

당신은 또 다른 어떤 것을 느끼고 어떤 독특한 느낌이 있는가?
당신의 호흡의 특성은 어떠한가?

이 동작은 마사지나 손에 에너지를 불어넣은 후에 행하는 것이
가장 효과적인 방법이다.

에너지 재생

　매트와 담요를 깔지 않고 마루에 앉아서 다리를 앞으로 뻗고 허리는 바로 세우며 손을 뻗어 무릎에 닿게 한다. 부드럽게 발목과 발가락 부분으로 머리를 숙인다. 이러한 움직임을 통하여 자세를

유지한다.

　천천히 팔을 어깨 높이 위로 올렸다가 내린다. 아주 천천히 발가락을 향하여 팔과 머리를 숙인다. 머리를 숙일 때 가능한 억지로 하지 않으며 아주 천천히 숙여(팔을 펴서 앞으로 숙인다) 발가락까지 닿게 한다.

　다시 무리하지 않은 상태에서 천천히 발가락을 향하여 자연스럽게 숙인다.　다시 일어날 때 아주 천천히 뒤로 젖히는데 감각은 팽창되어 일어난다. 이때 공간과 시간의 특성을 느끼며 호흡은 부드럽고 고르게 코와 입을 통하여　행하는 것을 기억한다.

　3~9번을 행하며 5~10분 정도 정좌하여 자신 주변의 공간이 꽉 차도록 감각을 확대해 나가며 부드러운 호흡을 행한다.

몸이 에너지화가 되도록 접촉

　발의 간격을 약간 벌리고 편안하게 서서 등은 꼿꼿하게 세우며
몸의 조화를 이룬다.

코와 입을 통하여 부드럽게 호흡하며 천천히 두팔을 들어 최대한 뒤로 젖힌다음 손을 모아 앞으로 숙인다. 무릎은 이완한 다음 바로 세우고 경직되게 하지 않으며 손목은 가볍게 팔과 맞닿아 앞으로 숙인다.

이 굽힘은 앞으로 굽히는 특성인데 앞으로 굽힐 때에는 아주 천천히 그리고 고르게 머리와 팔을 함께 움직인다. 가슴과 배의 긴장을 해소하고 에너지의 낮은 차원 중심부로 내려간다.

자신의 머리를 움직이는 것만으로 한정 짖지 말라. 목 근육을 풀어 머리를 자유롭고 느슨하게 연결되도록 한다.

그리고 몸의 뒷부분의 감각을 의식하며 특히 척추와 다리 뒷부분의 감각을 느끼도록 한다. 무릎은 굽히지 말고 바로하며 손가락은 마루에 가까이하면서 가볍게 등의 감각에 집중한다.

아주 고요히 행한다. 그리고 천천히 손가락을 분리하여 편다. 날숨을 길게 쉬고 배의 긴장을 풀어서 에너지의 흐름이 막히지 않게 한다.

호흡은 천천히 부드럽고 고르게 하면서 팔을 위로 들어 팔 사이에 머리를 둔다. 당신의 집중을 목으로 가게하여 그곳의 감각이 열리도록 느낀다. 바로 선 자세에서 팔을 가볍게 뒤로 젖힐 때 팔이 머리에 가깝게 밀착되도록 한다.

무릎을 부드럽게 움직여 바로 세우고 배와 하부 기관들을 이완된다. 뒤로 약간 젖히는 자세는 억지로 하지 않는다.

이 자세는 부드러운 날숨과 함께 행하며 몸 앞 부분의 감각이 열리도록 한다. 특히 배, 가슴, 목을 열어 젖히도록 한다.

목과 등을 천천히 바로 세우고 의식을 두개골 아랫 부분으로 가져간다. 거기에는 어떤 따뜻함을 느낄 수 있도록 감각이 연결되어 있으며 마치 고향에 돌아온 것 같은 평화로움이 있을 것이다.
다시 한번 위와 같은 동작으로 숙이는데 가능한 부드럽고 느리게 움직이며 배와 목과 등 부분을 이완한다.

앞으로 숙이는 움직임은 치료의 효과가 있다. 특히 척추 하부에 효과가 있으며 등뼈를 자유롭게 활짝 열리는 느낌을 준다.
첫 번째 굽히는 동안은 허리 상부가 아주 강하게 자각될 것이며 좀 더 굽히게 되면 당신의 등뒤 중간 부위가 감각이 열려지며 숨이 바닥에 닿을 때에는 저류에 깔려있는 가장 강한 치료의 에너지가 솟구쳐 올라온다. 또한 일어나기 시작할 때 자각할 수 없을 정도로 서서히 몸의 섬세한 긴장과 감각을 느끼며 일어난다.

몸에 긴장감이 머물 때의 느낌은 가장 완전한 느낌이며 그 느낌으로 빠져들기 시작하는 것이다. 아마 우리 자신은 팽팽함 속에서 자아 이미지의 특성을 발견할 것이다.
팽팽한 느낌이 가득할 때 그 경험은 계속 진행되어 갈 것이다. 이때 우리의 느낌은 하나가 된다. 그렇게 움직이므로써 그 에너지는 몸의 모든 분자에 스며들어 느낌만이 남는다.
3~9번 정도 실시하며 5~10분 정도 편안하게 정좌로 앉아 감각

이 깨어나 팽창되도록 한다.

이 실기는 임신을 했거나 등이나 목을 다쳤을 때는 권장하지 않는다.

몸과 마음의 치료

　균형을 맞추어 서있는 자세로 양발을 벌리고 등은 곧바로 세우고
팔은 옆구리쪽으로 이완시킨다.

코와 입을 통하여 호흡은 들이쉬고 천천히 머리 위까지 팔을 들어 손바닥이 앞으로 향하게 한다. 숨을 내쉬면서 팔을 위로 뻗치고 천천히 오른쪽으로 굽힌다. 이때 무릎은 곧게 한다. 그러나 너무 고정하지는 않는다.

이렇게 굽힐 때 골반은 가볍게 왼쪽으로 향하며 체중은 양쪽 발에 실리고 몸은 가능한 오랫동안 이완된다. 손목, 목, 어깨 그리고 왼쪽 엉덩이의 늘어진 근육을 제거시키고 마치 선풍기가 돌아가듯이 활짝 열어젖혀 생동감을 준다.

왼쪽 팔은 귀에 가깝고 오른쪽 팔은 바닥쪽으로 조금 더 기울이게 된다. 입은 가볍게 열려있고 호흡은 고르게 쉰다.

숨을 들이쉬는 동안 천천히 바른자세로 돌아오며 숨을 내쉬면서 계속해서 반대쪽 옆으로 굽혔다가 다시 바른자세로 돌아온다. 공복 상태로 복부를 이완한다.

하고 싶은 만큼 천천히 행하며 몸의 내부의 감각을 느낀다. 완전한 움직임으로 행동하며 오른쪽에서 왼쪽으로 움직이는 동작을 3~9번 정도를 반복한 다음 잠시동안 휴식한다.

5~10분 정도 정좌로 앉아 행하며 그 느낌을 확장한다. 각 손바닥의 움직임에서 끝나게 된다. 이 실기는 근육에 뭉쳐있는 긴장을 제거시킨다.

공중에 날기

일어서서 다리를 약10㎝ 정도 벌린다음 균형을 유지한다. 등은
바로 펴고 팔의 긴장을 푼다음 팔을 똑바로 천천히 올린다. 손가락

은 쭉 피고 눈을 감은채로 몸의 에너지에 변화를 느낀다.

넓적다리를 이완시키고 척추를 약간 뒤로 젖힌다. 천천히 팔을 벌린다. 팔이 점점 벌어질 때 두 팔은 균형을 이루어 머물고 있다가 점차적으로 두 팔을 동시에 내린다.

몇 분동안 내리고 있다가 감각이 다시 깨어나면 그 느낌에다 집중을 한다. 이때 가슴부위에 에너지가 흐르도록 하라. 손과 팔 주위에는 에너지와 열기를 느낄 것이다.

이제부터 다시 팔을 위로 올려 에너지의 흐름을 탐색한다. 손가락을 통하여 가슴 중심 부위에 에너지를 직접적으로 느낀다. 천천히 리듬에 맞춰 에너지의 흐름을 증가시킨다.

그 다음 팔을 위로 올려 아주 가볍게 근육을 늘이고 넓적다리와 다리를 가능한 많이 이완시킨다.

이러한 이완 동작은 마음을 안정시키고 맑게 해준다. 이 자세의 핵심은 자신의 감각으로 깊이 빠져드는 것이다.

이러한 동작을 계속해서 9번 실시한다. 가능한 동작을 느리게 행하며 동작을 취한 후 약 2분 정도 멈춰 있는다.

완전한 동작을 행하기 위해서는 정좌로 5분 정도 또는 그 이상 앉아 있다가 시작하며 에너지가 흐르는 감각을 유지시키고 호흡, 몸, 마음이 하나가 되도록 한다.

이 실기는 생각의 흐름을 안정시켜주며 가슴 중심 부위의 느낌을 발전시켜준다.

몸과 마음의 균형

마루나 땅 위에 맨발로 다리를 약간 벌리고 편안하게 서 있는다.
천천히 왼쪽 다리를 올리고 무릎을 굽혀 오른쪽 다리에 붙인다. 왼
쪽 발의 발가락은 밑으로 향하며 손은 옆구리에 붙인다.

그리고 왼발의 뒷꿈치를 무릎 위의 다리에 살짝 붙인 자세로 천천히 양손을 골반 위로 가져간다. 이때 눈은 부드럽게 정면을 바라보고 균형을 이루며 가볍게 집중을 한다. 체중을 왼쪽 무릎에 분배시키고 배를 이완시킨다.

이 자세를 1~3분 정도 유지시킨다. 자세를 바꾸지 않고 균형을 이룬 상태에서 천천히 왼쪽 발을 오른쪽 다리가 느끼지 못할 정도로 압력을 줄인다.

그리고 천천히 다리를 올려 넓적다리에 붙이고 특별히 주의를 기울여 왼쪽 다리가 땅에 도착하기 전까지 감각을 느낀다.

천천히 다리의 균형을 의식하고 다리가 내려올 때 몸의 다른 부위의 움직임도 동시에 반복한다. 양쪽 다리를 모두 행하는데 어느 쪽의 균형이 쉬운가를 확인하여 본다.

이 자세는 한 다리씩 양쪽 모두를 3번 반복 시행해야 완전한 동작이 된다. 그리고나서 10~15분 정도 편안하게 앉아서 느낌이 팽창되는 감각에 몰두한다. 아마도 이 과정을 몇 번 반복한다면 친숙해질 것이다.

당신은 몸이 균형되고 조화되는 느낌을 받았는가?

만일 이 동작을 규칙적으로 실행한다면 균형된 몸 안에서 다른 상태의 느낌을 경험할 것이다.(하권에서 다리의 균형을 위한 동작을 실행하게 된다) 아마도 너무 긴장하거나 몸의 균형이 깨어졌을 때는 조화로운 상태로 오는 것이 어렵다.

이러한 실기들을 통하여 몸을 이완하고 깊은 느낌에 몰두하면 자신의 내면에 있는 감각을 일깨워 준다.

이 실기는 다리 위쪽을 풀어주고 척추와 선골에 에너지의 흐름을 흐르게 한다.

 동작24 존재와 몸

    다리를 약간 벌리고 편안하게 선다음 허리는 바로 세우고 팔은
아래로 이완시킨다. 호흡은 코와 입을 통하여 부드럽게 쉰다.

눈을 감고 몸 전체를 통해 긴장의 느낌들이 밀려오는 것을 느끼며 특히 가슴과 목을 더 의식한다. 몇 분동안 근육과 에너지가 몸 전체의 균형에 어떻게 느껴지는가를 살핀다.

그리고 천천히 눈을 뜨고 정면을 바라보며 아주 천천히 걸어가기 시작한다. 5~10㎝정도 보폭으로 천천히 걷는 것을 상상하며 그것보다 더욱 천천히 걷는다.

각 걸음의 움직임과 동작을 배울 수 있는 기회인 것이다. 한 걸음 옮기기 전 무릎과 배와 가슴을 이완시킨다. 또한 손가락과 발가락, 피부, 뼈 등 모든 몸의 부위를 안정시키면서 열기가 나게 풀어주고 이완시킨다.

걸음은 아주 가볍고 매 순간 균형을 유지하며 집중과 호흡을 균형있게 행한다. 우리의 몸은 그 자체로 부드럽게 움직이게 한다.

걸음을 옮길 때는 침묵한다. 에너지가 창조되면서 긴장이 일어난다. 특히 목 중심 부위에서 많은 긴장이 일어난다. 그렇기 때문에 땅에서 걸음을 옮기는 순간 목과 배와 무릎, 어깨, 손과 척추 등을 이완하는 것이다.

자신이 스스로 각성을 하면서 이완한다면 강한 집중에 몰입할 수 없다. 그래서 우리는 발걸음을 옮기는 사이에 균형을 이루고 이완하며 고요해질 수 있는 것이다.

모든 움직임을 강조하며, 그 움직임에 역점을 둔다. 다리를 들고 옮기고 내리는 전 과정에 대하여 자신의 감각을 어떠한 특별한 감각에 집중시키지 말고 움직여 나간다.

아마도 더 이상 보거나 듣거나 하는 것을 의식하지 않을 것이다. 자신의 힘을 다시 눈과 귀와 의식의 느낌에 준다.

우리는 생각하는 만큼 느낀다. 또한 경험의 모든 신체 부위를 똑같은 체중으로 느끼고 몸과 감각은 완전히 전체적인 하나로 움직인다. 이러한 방법으로 걸을 때 만트라 〈옴-아-훔〉을 생각한다.

되도록 발음을 하지말고 내면으로 들어라. 이렇게 45분 동안 천천히 10m정도 걷다가 다시 되돌아오는 것을 4번 정도 반복한다. 다음에 실행할 때는 반정도(5m)로 천천히 걸으며 45분 동안 2번 정도 반복한다.

이렇게 천천히 걷는 것을 실행한 다음 3시간 정도 균형있게 걸으면서 여러 다양한 방법으로 걸어본다.

눈을 감고 느낌으로 "나는 빨리 집으로 가야만 한다"하고 지금의 느낌과 함께 걷는다. 어떻게 움직일까?

지금 당신의 몸의 느낌은 어떠한가?

지금 더욱 천천히 1분 정도 아주 천천히 걷는다. 당신 내면에서 몸의 감각이 어떠한 다른 것을 파악하면서 이제는 다른 방법으로 시도해보자.

자신이 비행기에 타려는 것을 상상한다. 아주 중요한 가족의 약혼식에 가는 중이다. 마음은 엄청나게 급해져서 가능한 빨리 가려고 할 것이다.

그러나 몸은 매우 천천히 움직인다. 그 두 가지를 함께 느껴본다. 긴장과 천천히 움직이는 느낌을 아주 빠르고 아주 느리게 걷는 동안 함께 한다.

지금쯤은 긴장과 불안이 떨릴 정도로 강렬해졌다. 당신은 비행기를 타야만 한다. 그러나 당신은 거기에 도달하지 못할 것이다. 마음은 극도로 고통스럽다. 왜냐하면 당신이 원하는 것을 할 수가 없기 때문이다.

거대한 정신적인 긴장을 자아내고 아픔과 좌절이 뒤범벅이 되어 거의 분노에 가깝다. 그럼에도 발걸음은 느리게 움직인다.

몸의 어느 부위가 가장 긴장이 되어있는가?

손, 가슴, 위장?

강한 정신적인 압박을 받고있는 긴장된 부위를 풀어준다.

지금 호흡은 계속해서 고르게 하고 있는가?

이제 천천히 조용하게 걷는다. 고요하고 느리게 몸과 호흡과 자각의 속도가 같게 할 수 있겠는가? 그러한 에너지의 특성을 당신은 느끼는가?

실기그룹 2

우리의 수행 요점은 이미 실천되어 감각을 개발하게 하며 이완을 발전시켜 안정감을 준다. 이 실천의 묶음은 그동안의 경험을 깊은 수준으로 이끌어 준다. 그리고 새로운 느낌의 영역으로 인도하여 더욱 확장되고 풍요롭게 해준다.

실기를 통하여 계속해서 느낌의 특수한 체험에 집중한다. 또한 몸을 연속적인 개발과 발전으로 이끌어 준다. 경험의 느낌이 아픔이나 어떠한 틀에 국한되지 않고 단순히 그것만을 느낀다.

그러한 특성들을 알고 숙지해야만 한다. 감각의 시간과 무게, 느낌 등 그럼에도 당신은 이러한 섬세한 느낌을 표현하고 경험할 수 있다.

이 실기를 몇 주동안 한뒤 우리는 하권을 준비하기 위한 수련을 하게된다. 하권의 1단계를 실천한 뒤 계속해서 이완의 과정을 확장시켜 3단계에서는 어떻게 쿰니의 방법을 더욱더 발전시켜 나가는 것을 보여준다. 어쨌든 확실히 하권에서는 움직임이 빠르지 않다. 또한 즉각적으로 많은 동작을 하려고 노력하지 않는다.

이 실천의 묶음에서 한 두 동작을 첨가시켜 더욱 발전시켜 나간다. 동작은 신뢰감으로 더욱 분명해지고 섬세한 특성으로 우리의 체험은 더욱 개발될 것이다.

내면 에너지의 고요함

　　매트나 방석 위에 가부좌로 앉아 허리를 곧게 하고 손은 엉덩이
에 댄다. 천천히 상체를 움직여 원을 그린다.

손목은 천천히 굽히고 머리와 목은 숙이면서 이완시키고 코와 입을 통하여 호흡한다. 천천히 더욱 앞으로 숙여 머리가 왼쪽 무릎에 가까이 가거나 닿게 하고 다시 오른쪽 무릎에 가까이 가거나 닿게 한다.

오른쪽으로 움직일 때 아치형으로 약간 뒤로 젖히는데 그때 천장을 쳐다본다. 멈추지 않고 계속해서 아주 천천히 균형을 유지하도록 움직인다.

입은 반드시 이완되어야 하며 가볍게 열려 있어야 한다. 내쉬는 정상적인 호흡을 통하여 휴식을 취한다.

머리를 9시 방향으로 회전한 다음 천천히 방향을 바꾸어 다시 9시 방향으로 실시한다.

이 동작은 아주 조용한 장소에서 행한다. 만일 의식이 계속해서 일어나면 움직임을 천천히 하고 느낌을 팽창시킨다. 만일 실기가 끝나면 5~10분 정도 정좌로 앉아 움직임에 의해 감각이 자극되어 팽창되는 것을 계속해서 따라간다.

또한 이 동작은 서서도 행하는데 손은 엉덩이에 대고 양발은 벌린 상태로 무릎과 등을 바로 한다. 몸의 내면 에너지를 느낀다. 천천히 허리를 조금 낮추어 앞으로 숙인다.

이때 머리도 숙인다. 아주 천천히 당신의 상체를 내면 에너지의 원(圓)을 향하여 돌리기 시작한다. 내면 에너지의 순환은 완전한 상태로 계속된다. 숙일 때 보다 뒤로 숙일 때는 덜 젖힌다.

절대로 억지로 행하지 않으며 중력에 따라 이완하고 숙인다. 그리고 배, 목, 어깨, 턱은 아주 깊이 이완하며 코와 입을 통하여 쉽게 호흡한다.

아주 천천히 3시와 9시 방향으로 회전한다. 척추가 가볍게 움직이는대로 감각을 즐기며 집중한다.

당신의 집중을 확장시켜 가벼운 집중으로 몸을 지지하도록 도와주며 에너지의 흐름을 증가시킨다. 내면의 원의 조화로움을 느낀다. 반복 동작이 끝날 때 5~10분 정도 정좌로 앉아 이 움직임에 의해 감각이 동조되는 것을 느껴본다.

다음은이 실기에 대해 좀 더 설명하려고 한다.

우선 서있는 자세로 발을 약간 벌리고 균형을 이루면서 팔을 이완시킨다. 천천히 양팔을 머리 위로 올린 다음 손바닥은 서로 마주보게 하고 손은 마치 에너지의 커다란 공을 옮기는 것처럼 상상한다.

이 자세로 에너지의 공을 자신의 손으로 계속해서 옮기는 것을 상상한 다음 허리 부분을 앞으로 숙이고 상체를 천천히 시계방향으로 돌린다. 호흡은 코와 입으로 쉽게 하며 골반과 척추에 감각이 느껴지도록 가볍게 집중을 한다.

에너지 공으로부터 손, 팔, 머리 그리고 척추로 점차 내려가면서 에너지의 흐름을 느낀다. 공간을 통하여 에너지의 공이 차분하게 흐르는 것을 느낀다.

아주 천천히 3~9번 정도 시계방향으로 움직인다. 동작을 완전

238

하게 하기 위해서 5~10분 정도 정좌로 앉아 당신의 몸 전체와 내부에 느낌을 확장시켜 나간다. 이 운동은 신경계통과 내부기관을 안정시켜 준다.

　담요나 방석 위에 허리를 바로 세우고 가부좌로 앉아 손은 무릎
위로 가져간다. 배꼽 주위에 집중을 하며 천천히 배에 원을 그리며

위아래 오른쪽 왼쪽으로 회전시킨다.

아주 천천히 움직이며 감각을 깊이있게 자극시킨다. 주의할 것은 배에 원을 그릴 때 당신의 가슴에도 원을 그리며 움직인다.

호흡은 아주 부드럽게 코와 입을 통하여 하고 배와 가슴에 천천히 원을 그리며 깊고 차게 움직인다. 그리고 내부기관과 몸 전체를 마사지 한다. 마사지를 몇 분 동안 계속하여 팽팽한 느낌을 느낀다. 원을 그리며 다른 방향으로도 몇 번 실시한다.

이제부터 좀 더 천천히 움직여 나간다. 마사지는 움직임에 의한 것보다 느낌에 의한 자극이 더욱 강하며 몸, 호흡, 마음이 하나가 된다. 그래서 점차적으로 움직임을 공부하다가도 결국은 움직임을 멈추는 것이다.

조용하게 앉아 마사지의 느낌이 우리 몸의 모든 부위에 퍼지게 하여 그 느낌이 가능한 오래 계속되도록 한다. 느낌의 상태가 더욱 오래 팽창되면 마사지는 몸의 수준을 넘어서 우주 삼라만상과 연결되어 느낌이 흐른다.

느낌의 상태가 가라앉기 시작할 때에 배와 가슴의 마사지가 육체적인 움직임 없이 자극되는 것을 관찰할 수가 있다.

호흡과 함께 마치 공처럼 배에서 움직이도록 한다. 마사지는 오직 집중과 함께 활성화되며 마치 감각을 내면적으로 마사지하듯 문지르게 한다.

느낌을 풍요롭게 하는 접촉

　담요나 방석 위에 편안하게 가부좌를 틀고 앉아 무릎은 넓게 벌리고 허리는 바로 세운다. 손을 넓적다리 위로 가져가고 손가락은 앞을 향하도록 한다.

이 자세로 손은 천천히 넓적다리를 향하여 밀어주며 이때 팔은 직선으로 양어깨를 가능한 많이 높이 올리도록 한다.

어깨를 높이 들 수 있다고 생각하면 자신의 몸을 이완시켜 어깨를 가능한 조금이라도 더 움직이려고 한다. 또한 턱은 거의 가슴에 닿도록 한다.

호흡은 가볍게 코와 입으로 하고 목과 배는 가능한 많이 이완시킨다. 이 자세로 3~5분 정도 정지한 다음 (호흡 횟수를 세는 것으로 시간을 측정할 수 있다) 배 부분에서 가슴부분까지 에너지를 상승시킬 수 있다. 에너지를 상승시킨 다음 그 상태에서 '멈춤의 상태'를 유지한다.

3~5분 후에 아주 천천히 어깨를 조금씩 풀어준다. 어깨를 회전하며 풀어주는 것이 아니고 단순히 긴장을 풀어주는 것이다.

그리고 어깨를 수직으로 올린 다음 다시 내리고 이때 팔을 이완하는 만큼 팔꿈치를 구부릴 수 있다. 적어도 1분 이상 긴장을 풀어준다.

목에서 골반아래까지 척추 전체에 에너지의 흐름을 느낀다. 이 동작을 행할 때 에너지는 척추를 따라서 내려오고 다시 몸의 내부를 통하여 목 위로 올라간 다음 척추를 타고 다시 내려온다. 후에, 모든 방향을 통하여 우리 몸의 모든 부분에 에너지가 움직여 나아갈 것이다.

지금 이 실기를 가볍게 순환시킨다면 손으로 무릎을 밀면서 팔꿈치를 쭈욱~ 편 다음 어깨를 위로 올린다. 그러나 지금은 에너지의 흐름을 복부에 조금만 집중시키고 척추를 바로 세우며 호흡에 집중한다.

이것은 호흡을 통제하도록 하는데 코와 입을 통하여 아주 천천히 호흡을 행한다. 이러한 상태에서 3~5분 동안 이 자세를 취한다. 만일 목이나 어깨의 위쪽 또는 아래쪽에 가벼운 통증이 오면 천천히 어깨를 움직여 에너지가 부드럽게 흐를 수 있도록 한다.

3~5분 후에 아주 천천히 긴장을 이완시키고 주위의 감각적인 느낌이 일어나는 곳을 깊이 느낀다. 자연스러운 방법으로 자신의 팔에서 일어나는 긴장을 완벽하고 아주 천천히 점차 관찰한다.

시간을 두고 등과 가슴에 열기를 주고 가슴과 목, 머리를 활짝 열어젖히고 자신의 몸 이상으로 그 느낌을 팽창시킨다. 이 동작은 3~9번 실천한다. 가능하면 많이 이완하고 열어젖힌다.

동작을 완벽하게 하기 위하여 10~15분 정도 앉아 있으며 이러한 방법으로 긴장을 풀고 감각을 팽창시킨다.

이러한 실기는 상체의 뼈와 인대(靭帶)사이의 근육을 풀어주고 특히 척추 상부에 에너지의 흐름을 통하게 하여 척추와의 연결점에 에너지를 불어 넣어준다. 또한 서있는 자세를 많이 도와준다.

몸에 대한 지식

　가부좌로 담요나 방석 위에 앉아 골반이 다리보다 높게 위치하게
하며 양손은 무릎에 대고 손가락은 각기 마주보도록 돌려 놓는다.

팔꿈치는 바깥으로 향하고 천천히 머리를 앞으로 숙이고 뺨은 가슴으로 향한다.

　이 자세에서 허리를 가능한 앞으로 천천히 숙이며 손으로 무릎을 강하게 누른다. 팔꿈치는 약간 앞으로 밀어주고 척추를 향해 배를 부드럽게 당기다가 강하게 멈춘다.

　호흡은 부드럽고 고르게 코와 입으로 행한다. 호흡을 내쉴 때마다 어깨 부위와 척추 중간 부위와 하부인 골반 부위에 느낌을 확장시킨다. 아마도 각 척추골 사이의 척추 내면의 공간이 활짝 열리는 것처럼 느낄 수 있다.

　앞으로 숙였을 때 긴장감이 없어야 하며 척추의 밑 부위를 가볍게 집중한다. 그곳의 감각이 열려있으면 따뜻함이 느껴질 것이다.
　이러한 느낌은 가능한 많이 몸을 통하여 척추 위로 끌어올린다. 3~5분 정도 행한다.(시간은 호흡을 세는 것으로 측정한다)

　지금 당신은 손가락과 엄지를 바로하여 손의 위치를 바꾼다. 손은 강하게 다리를 내리누르며 압박감은 부드러운 움직임의 원인이 되며 무엇을 느끼든지 그 움직임에 머문다. 당신은 움직임이 계속되더라도 호흡은 안정되고 부드러워진다. 이러한 점은 당신의 마음을 수정처럼 투명하게 밝혀준다.

　아주 천천히 긴장을 풀어주고 5분 정도 조용하게 앉아서 동작에 대한 느낌의 자극을 확장시켜 나간다. 이러한 동작을 3~9번 정도 실시한다. 이 운동을 완벽하게 하기 위해서는 10~15분 정도 앉아서 자신의 몸 주위와 내면의 감각을 계속 확장해 나간다.

이 실기를 더욱 개발시키기 위해서는 20분 이상을 앉아있도록 하며 동작이 끝난 다음에도 얼마동안을 그 자리에 머물러 있는다.

이 실기는 눈의 긴장과 일반적인 피로를 제거시키는 실행법이며 또한 근육을 강화시키도록 도와주고 인대나 근육의 접속되는 지점들의 기능을 발전시켜 준다.

이러한 실기는 조금 힘이 든다. 담요나 방석 위에 앉아 다리를 느슨하게 포갠다. 이 동작을 행하는데 다리의 위치는 균형에 영향을 준다. 그러므로 여러 형태의 가부좌를 실행하다보면 가장 균형 잡힌 움직임의 자세를 발견할 것이다.

손가락을 깍지낀 후 목 뒤로 가져가고 팔꿈치는 앞으로 나오게 한다. 천천히 목은 손과 함께 숙이고 턱은 가슴으로 다가간다. 이 자세는 허리를 앞으로 숙이고 호흡은 가볍고 부드럽게 코와 입을 통하여 행한다. 배를 꽉 조이면서 척추를 앞으로 굽힌다.

호흡을 내쉬면서 척추 부분에 감각을 열고 팽창시킨다. 앞으로 숙일 때, 긴장감 없이 감각을 척추에 가볍게 집중시키며 마치 후광처럼 감각이 퍼져나가는 것을 느낀다.

가능한 자세를 천천히 움직이도록 하며, 척추는 똑바로 한다. 가슴 근육을 강화시켜서 마치 직접 가슴을 통하여 목으로 에너지가 흐르도록 한다. 그 다음 천천히 손을 무릎으로 가져가 몇 분동안 앉아서 호흡을 부드럽고 고르게 코와 입을 통하여 행한다.

만일 3~4개월 이내에 수술을 했거나 목이나 등을 다쳤다면 주의 깊게 행해야 한다.

이 동작은 3~9번 정도 실시한다. 동작이 끝날 때쯤 5~10분 정도 앉아서 그 느낌을 관찰한다.

척추 부위에서부터 감각이 계속해서 팽창되는 것을 느끼며 가슴과 목을 비롯해서 몸 주위가 팽창되는 것을 느낀다. 마치 느낌은 만다라(Mandala, 신비스러운 도형)처럼 주위로 퍼져 나간다.

투명한 빛

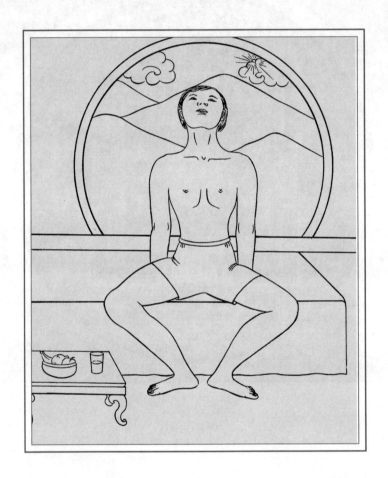

　의자의 모서리에 앉아 발은 편편하게 마루에 대고 양발은 15cm 정도 벌린다. 발꿈치는 그림과 같이 각 방향으로 향하고 발가락은 바깥을 향한다.

손은 엉덩이 뒤로 가져간다. 손을 아래로 지긋이 눌러주어 척추를 휘도록 하고 목은 뒤로 젖힌 다음 입은 약간 벌린다.

이 상태에서 30초에서 3분까지 머물다 아주 천천히 다시 되돌아오는데 여러 가지의 자극된 감각적인 느낌을 느낄 수 있다. 뒷목이나 척추 하부에 열기를 느낀다. 호흡은 코와 입을 통하여 가볍게 행한다.

양손을 무릎에 대고 몇 분동안 앉아서 몸의 이러한 감각들을 느껴 나간다. 그 다음 두 번이상 반복하여 실행하며 끝날 때 5~10분 정도 앉아 있는다. 응용할 수 있는 동작으로는 손가락을 앞으로 향하는 등의 방법들이 있다.

만일 당신이 임산부나 등이나 목을 다쳤다면 또는 3~4개월 이내에 수술경험이 있다면 이 실기를 아주 조심스럽고 천천히 행한다. 이 실기는 위궤양이나 위통을 치유하며 심리적인 긴장을 풀어준다.

자각의 팽창

　방석 위에 가부좌로 앉아 손바닥을 펴서 무릎 위에 얹는다. 배와 가슴을 느슨하게 하고 목을 약간 숙이고 척추의 긴장을 푼다.
　자연스럽게 팔을 머리 뒤로 옮겨 손바닥을 앞으로 향하게 한다.

에너지의 거대한 공이 당신 앞에 온다고 상상하라. 천천히 팔을 밑으로 내려 에너지 공이 손에서 마치 원을 그리고 있다고 느낀다. 에너지의 감각이 손과 팔 안에서 느낀다.

　공의 아래부분이 당신의 손 위에 있다고 느끼며 손은 아래 위 엇갈리게 앞으로 펼친다. 천천히 손을 앞으로 움직여 팔꿈치와 손을 이완시킨다. 팔을 조화롭게 엇갈리게 움직인다.

　3~9번 정도 움직인다. 각 반복 때마다 더욱 이완되고 깊게하며 몸을 통하여 움직임이 퍼져나가 감각을 일깨우도록 한다. 호흡은 부드럽게 코와 입을 통하여 하며 배와 가슴은 이완된다.

　'공 돌리기 운동'에 적응하며 손은 무릎에서 휴식한다. 5~10분 정도 앉아 몸의 바깥과 안에 에너지 감각을 팽창시킨다.

　이 실기는 자각과 집중을 팽창시키며 상체 뒷부분이나 어깨에 긴장을 제거한다. 15~30분 정도 앉아 있은 후에 다시 행한다.

동작31 오직 희열만을 느끼며

바닥에 왼쪽 무릎을 끓고 오른쪽 무릎을 수직으로 세운다. 왼쪽 무릎은 숙이고 왼쪽 발가락은 굽힌다. 손바닥은 바닥에 수평으로 닿고 왼 손바닥은 왼쪽 무릎 쪽에서 약간 떨어뜨린다.

오른쪽 손바닥은 오른쪽 발의 오른쪽에 위치한다. 이때 손과 무릎과 발은 일직선이 되게 한다. 머리는 위로 쳐다보고 왼쪽 발가락 힘으로 골반을 의지하여 유지시킨다.

발가락의 실기를 통하여 더욱 각성되고 예민하게 되는데 너무 거기에 체중을 실으려고 해서는 안 된다.

이 자세는 손바닥을 바닥에 편편하게 대고 가슴은 위로 가능한 많이 들어 천장을 향하여 쳐다본다. 15~30초 정도 머물며 호흡은 코와 입을 통하여 부드럽게 쉬며 당신의 뒷부분에 가볍게 집중한다. 그 다음 천천히 머리를 밑으로 떨어뜨린다.

다음 실기는 골반을 가볍게 지긋이 양손으로 누르면서 위로 든다. 당신의 왼쪽 무릎과 오른쪽 발은 바닥에 닿고 15~30초 정도 멈추고 호흡도 코와 입을 통하여 쉬며 천천히 긴장을 푼다. 그리고 왼쪽 발은 똑바로 의지하고 몇 분동안 앉은 자세로 앉아 있는다.

지금 다리의 자세를 반복한다. 완전한 동작을 행하며 처음에 한 동작, 그 다음 동작, 세 번째 동작을 하며 각 동작의 반복 때마다 잠깐씩 휴식한다.

끝날 때는 앉아서 5~10분 정도 편안하게 있으면서 주위와 내면에서 자극하는 감각의 팽창을 느낀다.

이 실기는 목의 긴장을 해소하고 등 뒷부분에 에너지를 자극하여 목과 등 뒷부분에 에너지가 상승되도록 한다.

동작32 몸과 마음과 에너지의 접촉

편안하게 다리를 약간 벌리고 서서 균형을 이루며 허리는 바로
하고 팔을 이완시킨다. 천천히 두팔을 어깨높이로 들어 손가락을
편채로 약간 옆으로 돌린다.

호흡은 가볍고 고르게 코와 입을 통하여 행하며 배와 가슴과 넓적 다리를 이완시키며 척추 아랫부위에 가볍게 에너지를 집중시킨다. 만약 척추의 위쪽이나 중간 부위 근육에 통증을 느끼면 부드럽게 주위의 집중을 옮겨준다.

지금 손을 직선으로 앞으로 움직여서 주위의 에너지를 팔에서 느끼게 하며 동시에 척추의 밑바닥에서부터 느슨하게 집중한다.

아주 천천히 팔의 긴장을 풀고 2분 정도 서서 에너지의 감각을 팽창시킨다. 그 다음 계속해서 3~9번을 반복해서 실행한다. 동작이 끝나면 5분이나 그 이상 앉아 몸의 에너지 흐름을 느낀다.

이 실기는 몸의 순환을 촉진시키고 자각을 일깨워 주며 피곤할 때나 잠이 오거나 할 때 활기를 불어넣어 준다.

동작33 하체를 강화시키고 에너지를 흐르게 하는 법

 다리를 약간 벌리고 발가락을 살짝 돌려 약간 벌린 상태로 똑바로 선다. 그 자세에서 약간 앉으면서 균형을 이룬다. 손은 넓적다리에 가져가고 엄지손가락은 다리 안쪽을 가볍게 누른다.

호흡은 코와 입을 통하여 부드럽게 쉬고 어깨를 이완하고 허리를 바로 세운 다음 똑바로 앞을 쳐다본다.

이 자세에서 무릎을 굽히고 골반을 내린다. 아마도 다리의 어떤 부위에 에너지가 강하게 활성화되는 것을 발견할 것이다. 에너지가 부분적으로 혹은 넓게 움직이는 것을 발견하게 된다. 체중을 양쪽 다리에 똑같이 공급하고 허리 뒷부분은 바로 세운다.

아마도 당신은 다리를 굽히면서 어떤 부위에 긴장이 펴져 나가지 않게 조절되고 있음을 발견할 것이다. 긴장이 머무는 곳이 부드럽게 해소되고 점점 사라질 것이다.

실기를 계속하면서 섬세한 긴장을 탐구하고 몸에서 고르게 흐르는 에너지의 균형감각을 발견할 것이다.

오른쪽에서 발견되면 15초 정도 머물고 생식기 부위와 항문 부위를 열고 이완시킨 다음 부드럽게 호흡한다. 아마도 무릎에 압박감을 느낄 것이다. 15초 후에 천천히 다리를 직선으로 펴준다.

3분 동안 실기를 행한 다음 각 동작을 반복한 후 휴식한다. 그 다음 정좌로 앉아서 5~10분 정도 있은 다음 자신의 감각을 팽창시키고 확대해 나간다.

이 실기가 더욱 친숙해지면 더욱 긴시간을 유지시킨다. 또한 반쯤 앉은 자세에서는 호흡을 들이쉬고 바로 설 때는 내쉰다. 이 실기는 막힌 하체에 에너지를 소통하게 한다.

양발은 15cm정도 벌리고 균형있게 선다. 등은 바로하고 팔을 목
뒤로 하여 손가락은 깍지껴서 목을 지지하게끔 한다.

천천히 손을 밀어젖혀 팔꿈치 사이는 가능한 넓게 한다. 무릎은 가볍게 구부리고 가슴은 천장을 향하게 한다.

척추 아래부위는 가능한 이완시키고 척추 상부는 뒤로 구부린다. 이 자세는 아주 천천히 가능한 깊게 호흡한다. 당신의 가슴부위와 가슴 아래부위에 집중하며 느끼도록 한다. 가슴을 들 때 깊은 감각으로 빠져들도록 한다.

지금 천천히 손으로 목을 죄면서 호흡을 들이쉬고, 목을 앞으로 숙이고 팔꿈치를 내리면서 턱은 가슴으로 가져간다. 팔꿈치는 가능한 가깝게 한다.

팔꿈치가 최대한 내려왔을 때 호흡을 아주 적게하며 어깨 근육과 어깨 뒤쪽을 풀고 계속해서 호흡을 내쉰다. 천천히 압박하여 천장을 향해 팔꿈치를 넓게 벌리고 가슴을 넓혀 열어 젖히며 열린 상태에서 호흡을 내쉰다.

이 열린 상태와 접힌 상태를 3~9번 계속하고 천천히 호흡을 연결시킨다. 그 다음 10분 정도 앉아서 실기에 의해 감각의 팽창을 자극시킨다.

가슴 부위를 더욱 열어 젖히는 경험을 함으로써 깊고 더욱 열린 사랑의 느낌을 몸 전체로 공급하며 자신의 몸을 넘어서 우주 전체로 팽창해 나간다. 이 동작은 위장부근의 긴장과 통증을 제거시켜 준다.

☞ 티벳요가 쿰니 하(움직이는 동작들)로 이어집니다.

동작과 이완법
Exercises and Massage

♣ 티벳요가 쿰니 〈상권〉 (이론과 준비과정, 이완법)
　　　　　　〈하권〉 (움직이는 동작들)

동작1 : 계속 진행되도록
　　　　내버려 둔다.
동작2 : 긴장을 풀어 버린다
동작3 : 이완됨을 경험 한다
동작4 : 감각을 따라 간다
동작5 : 느낌을 확장 한다
동작6 : 즐거운 호흡
동작7 : 감각의 열림
동작8 : 호흡과 함께하는 삶
동작9 : 옴(OM)
동작10 : 아흐(AH)
동작11 : 훔(HUM)
동작12 : 옴 아흐 훔 호흡법
동작13 : 호흡의 정화
동작14 : 느끼는 호흡
손에 에너지(氣)를 불어넣는다
손 마사지

얼굴 마사지
머리 마사지
목 마사지
어깨 마사지
가슴 마사지
배 마사지
팔 마사지
등 마사지
엉덩이 마사지
다리 마사지
발 마사지

실천요강 그룹 1

동작15 : 긴장을 풀어 준다
동작16 : 느낌을 닿게 한다
동작17 : 생각을 가볍게 한다

■ 하남출판사 도서 안내 ■

❖ 21세기 자연 건강 시리즈 ❖

1. 감각깨우기
루시리델 저/박지명 옮김

인간의 감각은 무한하다. 이 책은 잠자고 있는 자신의 감각 능력을 일깨우기 위한 동서고금의 모든 기법들을 소개한다.

· 4x6 변형판/값 8,000원

2. 건강마사지
루시리델 저/박지명 옮김

마사지, 지압, 반사요법에 대한 기초적 설명과 더불어 누구나 쉽게 마사지 실기에 접할 수 있도록 사진과 도해의 상세한 해설로 편집되었다.

· 4x6 변형판/값 12,000원

3. 스트레스 풀기
알릭스키르스타 저/박지명 옮김

스트레스의 원인과 증상은 물론 효과적으로 자기 몸을 이완시키고, 스트레스를 푸는 방법이 일목요연하게 제시되었다.

· 4x6 변형판/값 12,000원

4. 요가
스와미 시바난다 요가센타 저
/박지명 옮김

요가의 고전적 안내서로 요가체조 · 호흡법 · 명상 · 식이요법등에 대해 체계적으로 서술하였다.

· 4x6 변형판/값 12,000원

5. 자연요법백과
앤드류 스텐웨이 저/박지명 옮김

질병을 미리 예방하고 자기치료 능력을 높일 수 있는 동종요법 · 약초요법 · 방향요법 · 최면 및 심령치료법 등 여러 가지 자연치료법을 다루고 있다.

· 4x6 변형판/값 13,000원

6. 에너지 황홀경
버나드쿤데르 저/박지명 옮김

인간의 몸에 존재하는 일곱 개의 차크라에 대한 이해를 돕고, 보다 용이하게 기(氣)를 운행할 수 있는 방법을 제시한다.

· 4x6 변형판/값 8,000원

10. 성도인술(남성편)
만탁 치아 저
권성희 옮김

이 책에서는 사정을 억제하여 남성의 성 에너지를 '생명 에너지'로 환원시키는 비법과 아울러 성 에너지의 배양법이 소개된다.

· 신국판 | 값 10,000원

11. 행운의 보석건강요법
마한비르툴리 저
박지명 이승숙 옮김

보석을 올바르게 사용하면 돈, 명예, 건강, 행복이 저절로 따라오게 된다. 이 책은 보석의 올바른 사용법과 신체에 미치는 영향을 소개한다.

· 신국판 | 값 6,500원

12. 눈이 점점 좋아지는 책
M.R 버렛 저
이의영 옮김

미국, 일본 등지에서 화제가 되고 있는 최신의 시력회복 테크닉으로 근시에서 녹내장에 이르기까지 완벽하게 치료하는 기적의 새로운 Eye Training법을 그림과 함께 소개한다.

· 신국판 | 값 6,000원

13. 기공강좌
박인현 지음

음양학설을 중심으로 기공의 기초이론 · 기초수련법 · 양생장수술을 직접 체험하여경락학설 · 음양학설 · 오행학설 · 주역 · 고립파학설 · 간단한 치료법 · 현대과학으로써의 기공 등을 소개한다.

· 신국판 | 값 8,000원

14. 차크라
하리쉬요하리 저
이의영 옮김

탄트라 요가의 지침서, 컬러화보는 탄트라 경전의 모사본으로 수행자가 명상시 절대적으로 필요한 자료이다. 청각과 시각을 함께 이용한 탄트라는 평온한 상태에서 심신 단련을 할 수 있다.

· 신국판 | 값 8,000원

15. 젊음을 되찾는 기적의 건강법
박지명 편저

이 책은 티벳과 인도에 고대로부터 전해 내려오는 젊음의 샘의 비밀 행법체조로 5가지 체조법만으로 근육 · 뼈 · 신경 · 내장 기관 및 내분비선 등에 놀라운 효과를 단시일에 볼 수 있게 된다.

· 신국판 | 값 6,000원

16. 성도인술(여성편)
만탁 치아 저
권성희 옮김

낭비되고 있는 여성의 성에너지(난자)를 '생명 에너지'로 전환기키는 고도의 테크닉이 소개된다. 즉 소주천 수련을 통한 성에너지 배양과 축적이 이 책의 핵심이며 요체이다.

· 신국판 | 값 10,000원

17. 실내 트레이닝
코모리 요시사다 저
정명희 옮김

자투리 시간을 활용하여 직장에서는 물론 TV를 보면서도 가능한 트레이닝 기법으로 전 코스를 무리하게 할 필요없이 두세 가지만 골라서 끈기있게 실행하면 좋은 효과를 얻을 수 있다.

· 신국판 | 값 7,000원

18. 죽을 병이 아니면 다 고친다
김창무 편저

필자는 이십여 년에 걸친 간병 경험을 통하여 임상적으로 연구, 터득한 각종 요법을 실생활에 적용토록 상술하였으며, 64가지 식품의 민간요법과 처방비법을 소개, 자가치료를 시도하는 이들에게 좋은 안내서가 될 것이다.

· 신국판 | 값 6,500원

19. 생활 속의 다이어트
김용 지음

비만 문제에 대한 여러 연구들이나 전승되어온 방법, 속설들까지 총체적으로 분석하여 과학적, 체계적으로 다루었으며 틈나는대로 부분별 살빼기를 할 수 있는 생활 기체조를 소개하고 있다.

· 신국판 | 값 6,500원

20. 동양의학의 기원
박희준 지음

동양의학과 주역은 어떤 관계에 있는가? 황제내경에는 동양의학사 3천년의 지혜가 응집되어 있는가? 동양의학은 5천년 이상의 전사를 가지고 있음을 이 책을 통해 확인할 수 있다.

· 신국판 | 값 9,500원

21. 신비의 쿤달리니
리 사넬라 저
방건웅 · 박희순 옮김

이책은 미국의 정신과 전문의가 자신의 경험과 환자들의 경험 및 임상 사례 등을 모아 서술한 책으로 요가 · 명상 · 기공 · 단전호흡 · 기도 · 참선등을 수련하는 수행자들이 겪는 신체적 영적 현상들을 체험 사례와 임상 경험을 통해 포괄적으로 안내한다.

· 신국판/값 8,500원

22. 정자태극권
정만청 저/이찬 옮김

氣를 단전에 모아 부드럽고 고요하게 수련하는 비전의 태극권 요결을 공개하고 태극의 음양 동작을 허와 실로 대비, 설명하여 실전에 바로 적용할 수 있게 하는 氣수련서이다.

· 신국판 | 값 10,000원

23. 선도기공시술법
김영현 지음

氣수련자는 기공시술로 일반인은 지압과 마사지 · 교정법 등을 이용하여 가정에서 병의 증상에 따른 진찰과 치료를 할 수 있게 한 책으로 사진과 그림이 이해를 돕고 있다.

· 신국판 | 값 12,000원

24. 참선요가
정경스님 지음

현대인들의 불규칙한 일상이 야기시킨 인체의 비정상적인 상태를 정상화시켜 원래의 순수한 인체로 되돌리는 참선요가의 수련 방법이 사진과 함께 자세히 설명되어 있다.

· 신국판 | 값 9,000원 비디오 별매 | 값 18,000원

25. 인도명상여행
박지명 지음

인도의 실체는? 이 책의 저자는 인도에 오랫동안 머물며 인도의 고대에서 현대에 이르기까지 철학 · 종교 · 문화를 폭넓게 연구, 정리하여 인도의 진면목을 이 책에서 보여주고 있다.

· 신국판 | 값 10,000원

26. 풍수와 건강궁합
유경호 지음

모든 불치병과 사고의 원인은 조상의 묘를 잘못쓴 데 있다. 묘에 수맥이 지나가면 자손이 화를 입는다. 지도만 보고 명당을 찾는 초능력적인 풍수와 신비의 혈토를 찾는 비결을 공개하고 있다.

· 신국판 | 값 8,000원

27. 불가기공
비로영우 스님 지음

이 책은 불가(佛家)에서 비전되어 오던 최상승 기공등을 안신을 통한 안심법 · 의료기공곡법 · 지능계 발공법 등 다양한 기공의 원리와 수행 방법이 소개된다.

· 신국판 | 값 15,000원

37. 28체질론의 체질죽염요법
체질죽염으로
병을 고친다
백승헌 지음/이수미(약사)감수

체질을 개선하고, 건강을 되찾는 28체질론 체질죽염요법으로 피부미용법 · 비만을 개선하고, 체내 노폐물을 해소시키는 다이어트요법 · 두뇌기능요법등을 소개하였다.

· 신국판 | 값 8,000원

38. 선조로부터 물려받은
부작용 없는 물리치료법
활경요법
박재수 지음

신체를 쓰다듬고 누르고 감싸 잡아주어 위골된 골격을 교정하고 혈관의 수축팽창 처방운동을 통해 혈관벽의 노폐물 제거와 몸전체가 제자리에서 자유롭게 활동하게 하는 전통민간요법이다. ·

· 신국판 | 값 12,000원

39. 한의학박사 김양식원장의
관절통증의
운동치료요법
김양식 지음

근육,관절통증의 원인과 올바른 자세 유지법 및 각종 근골격 질환의 통증에 관한 한방적인 치료법으로 특히 각 근육의 충분한 이완을 위한 운동요법을 통한 근육의 신장요법(스트레칭)을 소개하고 있다.

· 4x6배판 | 값 15,000원

40. 만병을 지키는
산야초 발효액
요법 49가지
최양수 지음

청정 자연의 생명력인 산야초 발효액은 뛰어난 혈액정화 능력과 풍부한 비타민, 무기질 및 섬유질을 함유하고 있어 내장의 기능을 활발하게 하고 신진대사를 왕성하게 한다. 49가지 산야초의 효능과 발효액을 담그는 방법을 소개하고 있다.

· 신국판/값 10,000원

41. **요가란 무엇인가**
어니스트 우드 지음
박지명 옮김

이 책은 실제 요가수행에서의 사례를 모아 자신의 경험을 바탕으로 저술한 것이다. 요가에 관한 모든 이론과 실제가 집대성된 이 책이야말로 훌륭한 삶의 지침서가 될 것이다.

· 신국판 | 값 13,000원

42. 태양인 이제마의
동의수세보원
백승헌 지음

사상의학의 원전인 동의수세보원을 세계최초로 주역과 음양오행론을 도입한 28체질론으로 쉽게 풀이하고 있다. 6단계 체질분석법을 공개하여 누구든 자신의 체질을 감별할 수 있도록 하였다.

· 신국판 | 값 12,000원

43. 20년 노하우 식생활 민간요법
알고 먹어야
병이 낫는다
김창무 편저

뇌혈전증으로 6개월 진단을 받은 아내를 오직 식생활을 통한 민간요법, 식이요법, 한방요법 등으로 20년이나 수명을 연장케 했다. 이 책은 저자의 수년간의 임상실험과 간병경험을 바탕으로 음식으로써 모든 질병을 치유할 수 있다는 것을 입증하고 있다.

· 신국판/값 10,000원

44. 10년이 젊어지는
티벳 건강법
박지명 편저

티벳의 고승들에 의해 비밀리에 전수되어 온 건강법으로 하루 20분 5가지 동작으로 단시일내에 최대의 회춘효과를 볼 수 있다고 한다.
· 신국판 | 값 9,000원   비디오 별매 | 값 15,000원

45. 6일만에 깨달음을 얻는
득도혁명
김영현 지음

필자는 40여년에 걸친 수련생활을 모두 공개했다. 깨달음 수련을 통해 6일만에 깨달음을 얻는 이 수련법은 살아서 영계를 왕래할 수 있으며 타인의 질병 및 마음을 읽을 수가 있다고 한다. 또한 간단한 수련을 해볼 수 있는 해수련법등도 소개하고 있다.

· 신국판 | 값 10,000원

KUM NYE RELAXATION

"몸과 마음을 편안하고 조화롭게 하는 『쿰니』는
자신의 감각과 가슴을 열어 충만한 삶의 만족감으로
인생을 더욱 풍요롭게 가꾸어 준다."

NT요가연구소
NYINGMA KOREA CENTER

회원가입 : 전화 및 e-mail상담
TEL : 02-447-5211 / FAX : 02-447-5216
e-mail : ntyoga@yahoo.co.kr
homepage : www.ntnews.net

티벳요가 쿰니. 이 두권의 책은
단순한 몇 가지의 동작으로 느낌이 확장되는
경험을 통해 우리 몸이 통합되는
가장 독특한 수행법이다.

․․․․․․․․․․․․․․․․․․․․․․․․․․․․․․

티벳요가 쿰니 상권에서는 이론과 이완법
그리고 기본적인 동작의 실기를 소개하였다.
하권〈움직이는 동작들〉에서는 더욱 진보된
동작의 실기를 단계별로 구성하였다.

티벳요가 쿰니(하)

신국판 | 값 10,000원

티벳요가 쿰니 · 상

지은이/타르탕툴구

옮긴이/박지명

펴낸이/배기순

펴낸곳/하남출판사

초판1쇄/2003년 1월 15일

등록번호/제10-0221

서울시 종로구 관훈동 198-16 남도BD 302호

전화 (02)720-3211(代)/팩스(02)720-0312

홈페이지 http://www.hnp.co.kr

e-mail : hanamp@chollian.net

ⓒ 하남출판사, 2002

ISBN 89-7534-167-4

하남출판사는 여러분과 함께 좋은 책 만들기만을 고집합니다
여러분들이 보내주시는 정성 어린 한 장의 엽서는
좋은 책의 기획에서부터 출간까지 소중한 자료로 쓰여집니다

우 편 엽 서

보내는 사람

이름 :

주소 :

☐☐☐ - ☐☐☐

우편요금
수취인 후납 부담

발송 유효기간
2002. 6. 15~2004. 6. 14

광화문 우체국
제21141호

받는 사람

∴∴ 하남출판사

서울시 종로구 관훈동 198-16(남도빌딩 302호)

1 1 0 - 3 0 0

하남출판사

전화 : (02)720-3211
팩스 : (02)720-0312
홈페이지 : www.hnp.co.kr / E-메일 : hanam@hnp.co.kr

• 성명 :　　　　　• 나이 :　　　　　• 성별 :　　　　　• 직업 :

• 전화 :　　　　　• E-mail :

《 구입한 책 이름
《 구입동기 ① 서점에서 눈에 띄어서(지역 · 서점명 :　　　　　　　　　　　)
　　　　　② 주위의 권유로(　　　　　　　　　　　　　　　　　로부터)
　　　　　③ 신간안내나 광고를 보고(매체명 :　　　　　　　　)
　　　　　④ 기타(　　　　　　　　　　　　　　)

《 책에 대한 평가(내용 · 제목 · 편집체제 · 표지 등) 및 고쳐졌으면 하는 점

《 하남출판사에서 앞으로 출간을 했으면 하는 책

《 하남출판사에게 하시고 싶은 말씀

• 하남출판사에서는 여러분들의 원고를 기다리고 있습니다. 어떠한 정보의 원고라도 소중하게 검토하겠습니다. •